公路水运工程试验检测职业资格考试

公共基础

一本通

杰　伦　梁媛媛　编著

中国建材工业出版社
北　京

图书在版编目（CIP）数据

公共基础一本通/杰伦，梁媛媛编著．--北京：中国建材工业出版社，2024.5

公路水运工程试验检测职业资格考试

ISBN 978-7-5160-4122-2

Ⅰ.①公…　Ⅱ.①杰…②梁…　Ⅲ.①道路工程-试验-资格考试-自学参考资料②道路工程-检测-资格考试-自学参考资料③航道工程-试验-资格考试-自学参考资料④航道工程-检测-资格考试-自学参考资料　Ⅳ.①U41②U61

中国国家版本馆CIP数据核字（2024）第077787号

内　容　提　要

本书根据2024年度《公路水运工程试验检测专业技术人员职业资格考试大纲》中《公共基础》科目的相关要求编写，全书章节设置与考试教材一致。

本书可作为公路水运工程试验检测人员考前复习参考资料，也可供备考试验检测师、助理试验检测师的考生使用。

公共基础一本通

GONGGONG JICHU YIBENTONG

杰　伦　梁媛媛　编著

出版发行：中国建材工业出版社
地　　址：北京市海淀区三里河路11号
邮　　编：100831
经　　销：全国各地新华书店
印　　刷：东莞市印得好印刷有限公司
开　　本：787mm×1092mm　1/16
印　　张：11.25
字　　数：292千字
版　　次：2024年5月第1版
印　　次：2024年5月第1次
定　　价：80.00元

本社网址：www.jccbs.com，微信公众号：zgjcgycbs

前　言

为满足广大考生的备考需要，根据2024年度《公路水运工程试验检测专业技术人员职业资格考试大纲》（以下简称《考试大纲》）的相关要求，精心编写了该套辅导用书。本套辅导用书包括《公共基础》《道路工程》《桥梁隧道工程》《交通工程》和《水运材料》5本。

【速记宝典】特色：对教材知识点进行了认真梳理，为方便考生记忆，采用了对比记忆和联想记忆方法，根据历年考试重点对知识点使用不同颜色进行标注，对多选题考点采用下画线标注，对数字知识点采用红色字体，对高频考点采用蓝色字体，对超高频考点采用紫色字体，使考生在复习过程中更清楚知识点的重要性和题型设置，有助于提高复习效率，达到事半功倍的效果。

【真题汇编】特色：将历年真题按照教材章节进行了梳理，去除部分因考试大纲调整、相关规范更新后已过时效的旧题，对部分争议题目进行适当修改，真题答案都经过认真核对，答案解析采用对比记忆和联想记忆方法进行了适当的扩展，旨在帮助考生掌握重要知识点，而不是死记答案。通过练习对应的章节真题，可以巩固和强化速记宝典知识点，起到相辅相成的作用，同时能熟悉考试命题的规律和走向。

本书以最新的标准规范为编写依据，《考试大纲》中明确当教材与现行标准规范不一致时，应以现行有效的标准规范为准。所以时间充裕的考生还是要多学习规范，多进行试验操作，提高自身试验检测的理论知识和操作技能，保证能够胜任自己所从事的公路水运工程试验检测工作的实际需要。考生在备考复习过程中，一定要以考试大纲和教材作为主要复习资料，认真踏实地复习，深入理解掌握各个知识点。本书仅作为参考辅导用书，要配合教材复习才能事半功倍。

由于编者水平有限，疏漏之处在所难免，欢迎批评指正或提出宝贵意见和建议，以便在修订时优化完善。试验检测考试交流QQ群为904038433，群内分享最新学习资料及本书勘误，有问题可以免费咨询编者（杰伦老师微信、QQ同号：2387378441）。

编　者

2024年3月

※※备考经验分享※※

【一】根据近5年真题分值章节分布表，对各章节的重要性有初步的认识。复习以教材为主，为了避免枯燥地学习厚厚的教材，强烈建议搭配“中迅网校”课件学习，通过老师深入浅出的讲解，快速熟悉教材的重难点。

【二】制定适合自己的学习计划，不要三天打鱼，两天晒网，每天努力一点就离成功更近一点。对教材学习1~2遍再学习本辅导书效果更好，学习完某一章节知识点后做后面对应的章节真题，强化知识点记忆，起到相辅相成的作用。

【三】历年真题永远是最有价值的题目，很多题目都换汤不换药，做章节真题汇编时考生就会发现同一个知识点去年考的是单选，今年考了判断。所以对历年真题考过的高频考点必须掌握，在此基础上可以选做几套模拟题以查漏补缺。

【四】多选题判分规则是只要漏选，每选对一个得0.5分，所以一般至少要选2个答案，性价比最高。但也要做到适当保守，4个答案必须绝对确定才能全选，否则有一个错误选项就得零分。因为现在不能使用智能计算器，所以掌握历年真题中考过的计算即可。

【五】公共基础科目相对简单，大部分都是纯记忆的考点，第三章和第五章考的分值较多。复习过程中速记宝典与真题搭配学习，才能起到事半功倍的学习效果。

公路水运工程试验检测职业资格考试

公共基础

一本通

2024 年公路水运工程试验检测考试时间表

时间	10 月 26 日		10 月 27 日	
	上午 10：00—12：00	下午 14：30—17：00	上午 9：30—12：00	下午 14：30—17：00
（助理）试验检测师	公共基础	道路工程	桥梁隧道工程	交通工程
			水运结构与地基	水运材料

正版福利：赠送纸质掌中宝＋考前十页纸＋考前模拟卷

公共基础【试验检测师】近5年分值章节分布

章节内容	2019年真题	2020年真题	2021年真题	2022年真题	2023年真题
第一章　概述			6	3	11
第二章 公路水运工程试验检测管理相关法律法规及政策	18	19	16	9	13
第三章 公路水运工程试验检测管理	55	24	16	10	7
第四章 公路水运工程试验检测人员考试管理	0	0	0	0	0
第五章 检验检测机构资质认定管理	17	29	32	36	31
第六章 试验检测常用术语和定义	2	14	5	7	13
第七章 法定计量单位	1	2	1	6	5
第八章 数值修约规则与极限数值的表示与判定、测量误差与测量不确定度	7	14	18	18	12
第九章 能力验证	6	2	5	4	9
第十章 统计技术和抽样技术	2	5	11	14	7
第十一章 仪器设备计量溯源及期间核查	7	8	6	8	9
第十二章 公路水运工程质量检验评定相关标准基础知识	5	3	4	5	3
总分120分，单选题40分，判断题30分，多选题50分，合格分数线为72分					

目　录

【紫色字体为2017—2023年考过3次以上的超高频考点，蓝色字体为2017—2023年考过1~2次的次高频考点，红色字体为数字知识点，下画线为多选题考点】

第一章 概 述

速记宝典

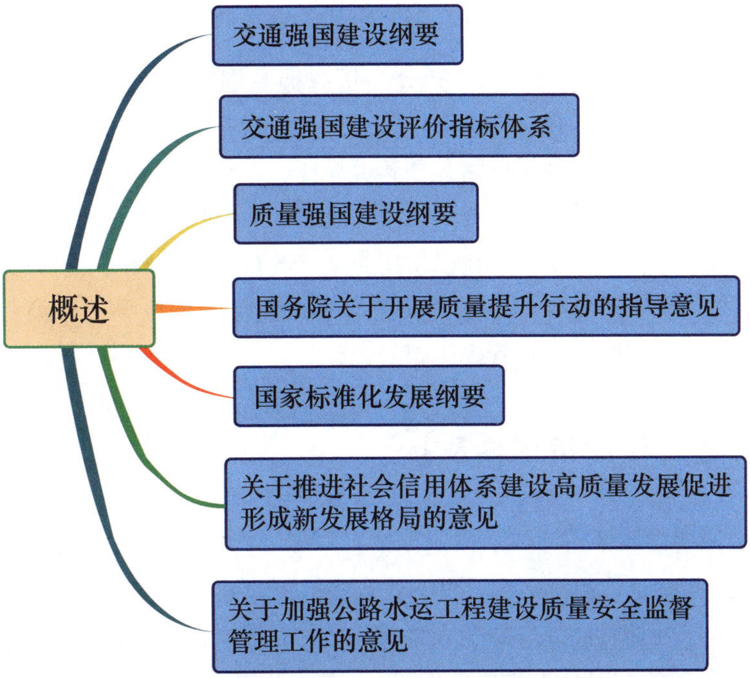

1. 试验检测贯穿公路水运工程的始终，从设计初期的地质勘察到施工建设再延伸到使用中的监控养护，均离不开试验检测。试验检测是工程建设中进行质量、安全、进度、费用等控制的重要手段。检测机构在《等级证书》注明的项目（参数）范围内出具的试验检测数据报告，可以作为公路水运工程质量控制、质量评定、工程验收、技术状况评价、事故调查、投诉处理等的基础数据来源。试验检测工作是推进技术进步的先导，是加强质量管理的先行，是严格质量把关的重要关口，也是质量优劣评定的重要依据。

【交通强国建设纲要】

2.《交通强国建设纲要》中的“五个坚持”是坚持稳中求进工作总基调、坚持新发展理念、坚持推动高质量发展、坚持以供给侧结构性改革为主线、坚持以人民为中心的发展思想。由依靠传统要素驱动向更加注重创新驱动转变，构建安全、便捷、高效、绿色、经济的现代化综合交通体系，打造一流设施、一流技术、一流管理、一流服务，到本世纪中叶，全面建成人民满意、保障有力、世界前列的交通强国。基础设施规模质量、技术装备、科技创新能力、智能化与绿色化水平位居世界前列。两个交通圈是指全国123出行交通圈和全球123快货物流圈。全国123出行交通圈指都市区1小时通勤、城市群2小时通达、全国主要城市3小时覆盖（1区2群3全国）。全球123快货物流圈指国内1天送达、周边国家2天送达、全球主要城市3天送达（1国2周3全球）。

3. 拥有发达的快速网、完善的干线网、广泛的基础网，智能、平安、绿色、共享交通发展水平明显提高。强化交通基础设施养护，加强基础设施运行监测检测，提高养护专业化、信息化水平，增强设施耐久性和可靠性。以丝绸之路经济带六大国际经济合作走廊为主体，推进与周边国家铁路、公路、航道、油气管道等基础设施互联互通。全面实施市场准入负面清单制度，构建以信用为基础的新型监管机制。三方面保障措施包括加强党的领导、加强资金保障、加强实施管理。完善政府主导、分级负责、多元筹资、风险可控的资金保障和运行管理体制。

【交通强国建设评价指标体系】

4. 交通强国建设评价指标体系按照1个国家综合指标、5个行业指标和31个省域指标进行设置。指标选取原则有引领性、代表性、可比性、获取性、时效性。国家综合指标围绕“安全、便捷、高效、绿色、经济”，从“基本特征、评价维度、评价指标”三级设置20项评价指标。从加强党的领导、狠抓工作落实、开展督查评估等三个方面加强组织保障。

【国务院关于开展质量提升行动的指导意见】

5. 质量提升行动的基本原则：坚持以质量第一为价值导向，坚持以满足人民群众需求和增强国家综合实力为根本目的，坚持以企业为质量提升主体，坚持以改革创新为根本途径。主要目标：产品、工程和服务质量明显提升，产业发展质量稳步提高，区域质量水平整体跃升，国家质量基础设施效能充分释放。围绕重点产品、重点行业开展质量状况调查，组织质量比对和会商会诊，找准比较优势、行业通病和质量短板，研究制定质量问题解决方案。加快国家质量基础设施体系建设包括构建国家现代先进测量体系、加快国家标准体系建设、完善国家合格评定体系。建立“党委领导、政府主导、部门联合、企业主责、社会参与”的质量工作格局。

【国家标准化发展纲要】

6. 标准化纲要的主要内容包括 9 个部分共 35 条，可概括为总体要求、主要任务和组织实施三个板块。“四个转变”指标准供给由政府主导向政府与市场并重转变、标准运用由产业与贸易为主向经济社会全域转变、标准化工作由国内驱动向国内国际相互促进转变、标准化发展由数量规模型向质量效益型转变。

共性关键技术和应用类科技计划项目形成标准研究成果的比率达到 50% 以上，国家标准平均制定周期缩短至 18 个月以内。到 2035 年形成“政府引导、企业为主”的标准化工作格局，到 2025 年国际标准转化率达到 85% 以上。

【第一章】学员笔记　　　　「只要功夫深，铁杵磨成针」

真题汇编

一、单选题（每题1分）

※※第一节　新时代交通强国建设面临的机遇和任务※※

1. 依据《交通强国建设纲要》，以下不属于“提升本质安全水平”要求的是（　　）。

A. 完善基础设施安全技术标准规范　　B. 构建现代化工程建设质量管理体系

C. 强化应急救援社会协同能力　　D. 加强基础设施运行监测检测

【答案】C　解析：提升本质安全水平：完善交通基础设施安全技术标准规范，持续加大基础设施安全防护投入，提升关键基础设施安全防护能力。构建现代化工程建设质量管理体系，推进精品建造和精细管理。强化交通基础设施养护，加强基础设施运行监测检测，提高养护专业化、信息化水平，增强设施耐久性和可靠性。强化载运工具质量治理，保障运输装备安全。

2. 《交通强国建设纲要》提出，要全面实施市场准入负面清单制度，构建以（　　）为基础的新型监管机制。

A. 信用　　B. 规则

C. 制度　　D. 资质

【答案】A　解析：要全面实施市场准入负面清单制度，构建以信用为基础的新型监管机制。

3. 《交通强国建设纲要》提出，要以（　　）六大国际经济合作走廊为主体，推进与周边国家铁路、公路、航道、汽油管道等基础设施互联互通。

A. “一带一路”　　B. 西部陆海大通道

C. 中欧国际班列　　D. 丝绸之路经济带

【答案】D　解析：要以丝绸之路经济带六大国际经济合作走廊为主体，推进与周边国家铁路、公路、航道、汽油管道等基础设施互联互通。

4. 《中共中央国务院关于开展质量提升行动的指导意见》所确立的主要目标是（　　）。

A. 提升装备制造竞争力　　B. 促进消费品提质升级

C. 增加农产品、食品药品优质供给　　D. 产品、工程和服务质量明显提升

【答案】D　解析：质量提升行动的主要目标：产品、工程和服务质量明显提升，产业发展质量稳步提高，区域质量水平整体跃升，国家质量基础设施效能充分释放。

二、判断题（每题1分）

※※第一节　新时代交通强国建设面临的机遇和任务※※

1. 《交通强国建设纲要》提出，到2035年，基本形成“全国123出行交通圈”，即都市区1小时通勤、城市群2小时通达、全国主要城市3小时覆盖。（　　）

【答案】对　解析：全国123出行交通圈是指都市区一小时通勤，城市群两小时通达，全国主要城市三小时覆盖。全球123快货物流圈是指国内一天送达，周边国家两天送达，全球主要城市三天送达。

2.《交通强国建设纲要》提出，到本世纪中叶，基础设施规模质量、技术装备、科技创新能力、智能化与绿色化水平位居世界前列。 （ ）

【答案】对 解析：到本世纪中叶，全面建成人民满意、保障有力、世界前列的交通强国。基础设施规模质量、技术装备、科技创新能力、智能化与绿色化水平位居世界前列。

3.《交通强国建设纲要》中的“两个交通圈”是指“全国123出行交通圈”和“全球123快货物流圈”。 （ ）

【答案】对 解析：“两个交通圈”是指“全国123出行交通圈”和“全球123快货物流圈”。

4. 根据《交通运输部关于印发〈交通强国建设评价指标体系〉的通知》（交规划发〔2022〕7号），交通强国建设评价指标体系包括国家综合指标、行业指标和省域指标。 （ ）

【答案】对 解析：交通强国建设评价指标体系按照1个国家综合指标、5个行业指标和31个省域指标进行设置。

三、多选题（每题2分，下列各题均有2个或2个以上备选答案符合题意，有错误选项不得分，选项正确但不完全的每个选项得0.5分，完全正确的得满分。）

※※第一节 新时代交通强国建设面临的机遇和任务※※

1.《交通强国建设纲要》提出，要强化交通基础设施养护，加强基础设施运行监测检测，提高养护专业化、信息化水平，增强设施（ ）。

A. 适用性　　B. 耐久性

C. 可靠性　　D. 稳定性

【答案】BC 解析：强化交通基础设施养护，加强基础设施运行监测检测，提高养护专业化、信息化水平，增强设施耐久性和可靠性。

2. 根据《中共中央国务院关于开展质量提升行动的指导意见》，围绕重点产品、重点行业开展（ ）找准比较优势、行业通病和质量短板，研究制定质量问题解决方案。

A. 质量状况调查　　B. 组织质量比对

C. 会商会诊　　D. 质量攻关

【答案】ABC 解析：围绕重点产品、重点行业开展质量状况调查，组织质量比对和会商会诊，找准比较优势、行业通病和质量短板，研究制定质量问题解决方案。

第二章　公路水运工程试验检测管理相关法律法规及政策

速记宝典

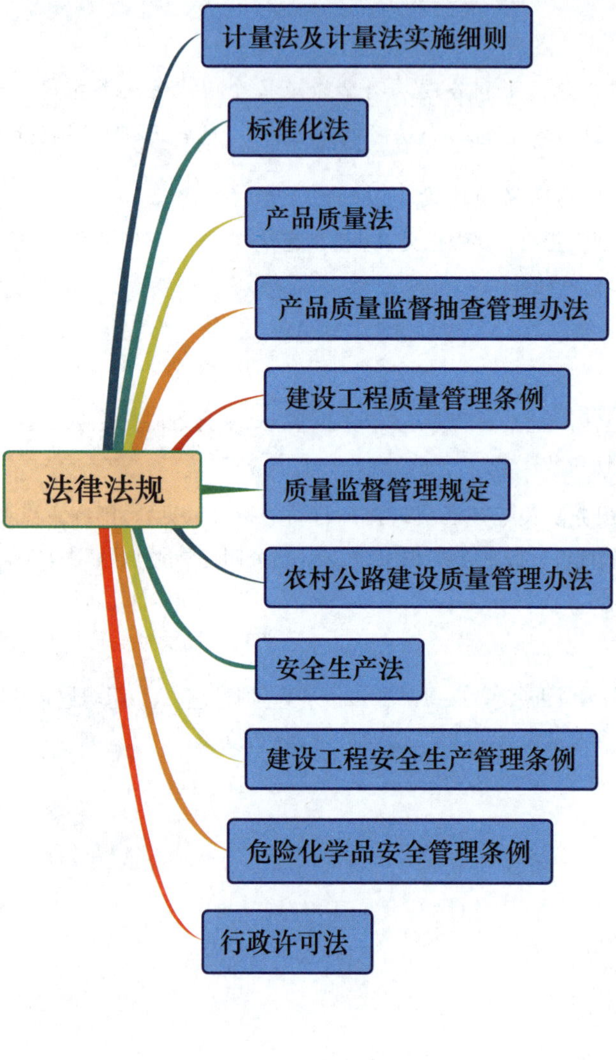

【计量法】

7. 计量是实现单位统一、量值准确可靠的活动，计量的特点是准确性、一致性、溯源性、法制性。在中华人民共和国境内，建立计量基准器具、计量标准器具，进行计量检定，制造、修理、销售、使用计量器具，必须遵守《计量法》。

8. 计量器具是指能用以直接或间接测出被测对象量值的装置、仪器仪表、量具和用于统一量值的标准物质，包括计量基准、计量标准、工作计量器具。

计量检定是指为评定计量器具的计量性能，确定其是否合格所进行的全部工作。计量检定包括检验和加封盖印等，它是进行量值传递的重要形式，是保证量值准确一致的重要措施。

9. 国家实行法定计量单位制度。国际单位制计量单位和国家选定的其他计量单位，为国家法定计量单位。国家法定计量单位的名称、符号由国务院公布。我国允许使用的计量单位是国家法定计量单位。法定计量单位是国家以法令的形式规定强制使用或允许使用的计量单位。因特殊需要采用非法定计量单位的管理办法，由国务院计量行政部门另行制定。

10. 国务院计量行政部门负责建立各种计量基准器具，作为统一全国量值的最高依据。县级以上地方人民政府计量行政部门对本行政区域内的计量工作实施监督管理。国务院有关主管部门和省、自治区、直辖市人民政府有关主管部门，根据本部门的特殊需要，可以建立本部门的计量标准器具，其各项最高计量标准器具经同级人民政府计量行政部门主持考核合格后使用。主持考核是指同级人民政府计量行政部门负责组织法定计量检定机构或授权的有关技术机构进行的考核。计量器具新产品定型鉴定，由国务院计量行政部门授权的技术机构进行；样机试验由所在地方的省级人民政府计量行政部门授权的技术机构进行。

11. 企业、事业单位根据需要，可以建立本单位使用的计量标准器具，其各项最高计量标准器具经有关人民政府计量行政部门主持考核合格后使用。县级以上人民政府计量行政部门对社会公用计量标准器具，部门和企业、事业单位使用的最高计量标准器具，以及用于贸易结算、安全防护、医疗卫生、环境监测方面的列入强制检定目录的工作计量器具，实行强制检定。未按照规定申请检定或者检定不合格的，不得使用。实行强制检定的工作计量器具的目录和管理办法，由国务院制定。对规定以外的其他计量标准器具和工作计量器具，使用单位应当自行定期检定或者送其他计量检定机构检定。

12. 社会公用计量标准，部门和企业、事业单位使用的最高计量标准，为强制检定的计量标准。强制检定的计量标准和强制检定的工作计量器具，统称为强制检定的计量器具。强制检定是指由县级以上人民政府计量行政部门指定的法定计量检定机构或授权的计量检定机构，对强制检定的计量器具实行的定点定期检定。检定周期可根据计量检定规程，结合实际使用情况确定。非强制检定是指由使用单位自己依法进行的定期检定，或者本单位不能检定的，送有权对社会开展量值传递工作的其他计量检定机构进行的检定。强制检定与非强制检定，是对计量器具依法管理的两种形式。不按规定进行周期检定的都要负法律责任。

13. 任何单位和个人不准在工作岗位上使用无检定合格印、证或者超过检定周期或者经检定不合格的计量器具，但在教学示范中使用的计量器具不受此限。属于强制检定范围的计量器具，未按照规定申请检定和属于非强制检定范围的计量器具未自行定期检定或者送其他计量检定机构定期检定的，以及经检定不合格继续使用的，责令其停止使用，可并处1000元以下的罚款。

14. 计量检定必须按照国家计量检定系统表进行，国家计量检定系统表由国务院计量行政部门制定。国家计量检定系统表由文字和框图构成，简称检定系统。计量检定必须执行计量检定规程。国家计量检定规程也由国务院计量行政部门制定，在全国范围内施行；没有国家计量检定规程的，应制定部门计量检定规程和地方计量检定规程。部门和地方计量检定规程须向国务院计量行政部门备案。

15. 计量检定工作应当按照经济合理的原则，就地就近进行。就地就近进行计量检定是指组织量值传递不受行政区划和部门管辖的限制。县级以上人民政府计量行政部门应当依法对制造、修理、销售、进口和使用计量器具，以及计量检定等相关计量活动进行监督检查，有关单位和个人不得拒绝、阻挠。凡没有产品合格印、证标志的计量器具不得销售。

16. 计量监督员必须经考核合格后，由县级以上人民政府计量行政部门任命并颁发监督员证件。县级以上人民政府计量行政部门可以根据需要设置计量检定机构，或者授权其他单位的计量检定机构，执行强制检定和其他检定、测试任务。执行检定和测试任务的人员必须经考核合格。执行强制检定及其他检定、测试任务的人员，必须经县级以上人民政府计量行政部门考核合格，发给计量检定证书，取得执行检定、测试任务的资格。处理因计量器具准确度所引起的纠纷，以国家计量基准器具或者社会公用计量标准器具检定的数据为准。计量纠纷是指因计量器具准确度所引起的纠纷。仲裁检定是指用计量基准或社会公用计量标准所进行的以裁决为目的的计量检定、测试活动。

17. 为社会提供公正数据的产品质量检测机构，必须经省级以上人民政府计量行政部门对其计量检定、测试的能力和可靠性考核合格，即为产品质量检验机构的计量认证。计量认证的内容包括计量检定测试设备的性能；计量检定、测试设备的工作环境和人员的操作技能；保证量值统一、准确的措施及检测数据公正可靠的管理制度。公正数据具有真实性、科学性和合法性；为了保证数据的可靠性，量值必须溯源到国家计量基准，以保证国家单位量值的统一。计量认证在省级以上的计量行政部门考核合格，才有资格为社会提供公正数据，未取得计量认证合格证书的产品质量检验机构，不得开展产品质量检验工作。

18. 使用实行强制检定的计量标准的单位和个人，应当向主持考核该项计量标准的有关人民政府计量行政部门申请周期检定。属于强制检定范围的计量器具，未按照规定申请检定或者检定不合格继续使用的，责令停止使用，可以并处罚款。使用不合格的计量器具或者破坏计量器具准确度，给国家和消费者造成损失的，责令赔偿损失，没收计量器具和违法所得，可以并处罚款。使用不合格的计量器具是指使用无检定合格印、证，或者超过检定周期，以及经检定不合格的计量器具。

【标准化法】

19. 标准（含标准样品）是指农业、工业、服务业以及社会事业等领域需要统一的技术要求。标准包括国家标准、行业标准、地方标准和团体标准、企业标准。国家标准、行业标准和地方标准属于政府主导制定的标准，团体标准、企业标准属于市场主体自主制定的标准。国家标准由国务院标准化行政主管部门制定，行业标准由国务院有关行政主管部门制定。国家标准按实施效力分为强制性标准和推荐性标准，行业标准、地方标准是推荐性标准。强制性标准必须执行，国家鼓励采用推荐性标准，企业自愿采用。国家鼓励企业制定高于推荐性标准的团体标准、企业标准。标准样品具有均匀性、稳定性、准确性和溯源性。标准样品是实施文字标准的重要技术基础，是标准化工作中不可或缺的组成部分。标准是标准化活动的结果，具有民主性、权威性、系统性、科学性。国务院标准化行政主管部门统一管理全国标准化工作，县级以上地方人民政府标准化行政主管部门统一管理本行政区域内的标准化工作。国务院标准化行政主管部门应当自强制性国家标准发布之日起二十日内，在全国标准信息公共服务平台上免费公开标准文本。

20. 推荐性标准可以转化为强制性标准的情况有推荐性标准被相关法律、法规、规章引用；被企业在产品包装、说明书或者标准信息公共服务平台上进行了自我声明公开；被合同双方作为产品或服务交付的质量依据。标准化工作的任务是制定标准、组织实施标准以及对标准的制定、实施进行监督。对保障人身健康和生命财产安全、国家安全、生态环境安全以及满足经济社会管理基本需要的技术要求，应当制定强制性国家标准，如《家用和类似用途电器的安全》《计算机信息系统安全保护等级划分准则》《环境空气质量标准》《公民身份号码》《法人和其他组织统一社会信用代码编码规则》。强制性国家标准由国务院批准发布或授权批准发布。对满足基础通用、与强制性国家标准配套、对各有关行业起引领作用等需要的技术要求，可以制定推荐性国家标准（GB/T）。

21. 对没有推荐性国家标准、需要在全国某个行业范围内统一的技术要求，可以制定行业标准。行业标准由国务院有关行政主管部门制定，报国务院标准化行政主管部门备案。行业标准是推荐性国家标准的补充，不是所有的国务院部门都可以制定行业标准。地方标准由省、自治区、直辖市人民政府标准化行政主管部门制定。强制性标准文本应当免费向社会公开，国家推动免费向社会公开推荐性标准文件。企业可以根据需要自行制定企业标准，或者与其他企业联合制定企业标准。

22. 推荐性国家标准、行业标准、地方标准、团体标准、企业标准的技术要求不得低于强制性国家标准的相关技术要求。强制性国家标准是全社会应遵守的底线要求，其他标准的技术要求都不应低于强制性国家标准的相关技术要求。标准应当按照编号规则进行编号，标准的编号规则由国务院标准化行政主管部门制定并公布。国家实行团体标准、企业标准自我声明公开和监督制度，国家建立强制性标准实施情况统计分析报告制度。标准的复审周期一般不超过 5 年。标准复审的结论分为继续有效、修订或废止。

【产品质量法】

23. 《中华人民共和国产品质量法》（以下简称《产品质量法》）立法目的是加强对产品质量的监督管理，提高产品质量水平，明确产品质量责任，保护消费者的合法权益，维护社会经济秩序。产品是指经过加工、制作，用于销售的产品。建设工程、建设工程产品如工业与民用建筑物、交通建设工程所建设的公路、桥梁、隧道、码头等永久性设施，均不适用《产品质量法》；建筑工程材料，特别是建设工程中使用的建筑材料、建筑构配件和设备，建设工程中所用到的原材料，如钢筋、水泥、外加剂等均适用《产品质量法》。

24. 产品质量检验机构必须具备相应的检测条件和能力，经省级以上人民政府产品质量监督管理部门或者其授权的部门考核合格后，方可承担产品质量的检验工作。产品质量检验机构、认证机构伪造检验结果或者出具虚假证明的，责令改正，对单位处 5 万元以上 10 万元以下罚款，对直接负责人员处 1 万元以上 5 万元以下罚款；有违法所得的并处没收违法所得；情节严重的取消其检验资格、认证资格；构成犯罪的依法追究刑事责任。产品质量检验机构、认证机构出具的检验结果或者证明不实，造成损失的，应当承担相应的赔偿责任；造成重大损失的，撤销其检验资格、认证资格。

【产品质量监督抽查管理办法】

25. 监督抽查应当遵循科学、公正的原则，监督抽查不得向被抽查企业收取费用。采用随机抽取的方式选择委托的检验机构和确定被抽查对象。抽样人员由受委托的检验机构随机选派，不得少于2名。监督抽查的样品应当由抽样人员在市场上或者企业成品仓库内待销的产品中随机抽取，不得由企业抽样或者送样。抽取样品应当按照有关规定的数量抽取，没有具体数量规定的，抽取样品不得超过检验的合理需要。检验报告应当内容齐全、信息真实、数据准确、结论明确。被抽查企业对检验结果有异议的，可以自收到检验结果之日起15日内向交通运输部提出书面复检申请；逾期未提出的，视为承认检验结果。接到复检申请后，应于检验工作完成后5日内作出书面答复，复检结论为最终结论。监督抽查结果不合格产品的生产企业应当自收到检验结果通知之日起进行整改，并于90日内完成整改工作。

【建设工程质量管理条例】

26. 建设单位、勘察单位、设计单位、施工单位、工程监理单位都需要对建设工程承担质量责任和义务。《建设工程质量管理条例》适用于在中国境内所有从事建设工程的新建、扩建、改建等有关活动及实施对建设工程的质量监督管理活动。建设工程是指土木工程、建筑工程、线路管道工程、设备安装工程及装修工程【口诀：土建安装管道】。其中交通建设属于土木工程。从事建设工程活动，必须严格执行基本建设程序，坚持先勘察、后设计、再施工的原则，建设工程发包单位不得迫使承包方以低于成本的价格竞标，不得任意压缩合理工期。建设单位不得明示或者暗示设计单位或施工单位违反工程建设强制性标准，降低建设工程质量。建设单位在领取施工许可证或开工报告前，应当按照国家有关规定办理工程质量监督手续。建设单位收到建设工程竣工报告后，应当组织设计、施工、工程监理等有关单位进行竣工验收。建设工程竣工验收应具备的条件：完成建设工程设计和合同约定的各项内容；有完整的技术档案和施工管理资料；有主要建筑材料、建筑构配件和设备的进场试验报告；有勘察、设计、施工、工程监理等单位分别签署的质量合格文件；有施工单位签署的工程保修书。建设单位在建设工程竣工验收后，应及时向建设行政主管部门或者其他有关部门移交建设项目档案。建设单位应当依法对工程建设项目的勘察设计、施工、监理以及与工程建设有关的重要设备、材料等的采购进行招标。

27. 施工单位应当建立质量责任制，确定工程项目的项目经理、技术负责人和施工管理负责人。施工单位必须按照工程设计要求，施工技术标准和合同约定对建筑材料、建筑构配件、设备和商品混凝土进行检验，检验应当有书面记录和专人签字；未经检验或者检验不合格的，不得使用。施工单位应做好隐蔽工程的质量检查和记录，隐蔽工程在隐蔽前，施工单位应当通知建设单位和建设工程质量监督机构。施工人员对涉及结构安全的试块、试件以及有关材料，应当在建设单位或者工程监理单位监督下现场取样，并送具有相应资质等级的质量检测单位进行检测。未经教育培训或者考核不合格的人员，不得上岗作业。

28. 建设工程的保修期，自竣工验收合格之日起计算。监理工程师应当按照工程监理规范的要求，采取旁站、巡视和平行检验等形式，对建设工程实施监理。未经监理工程师签字，建筑材料、建筑构配件和设备不得在工程上使用或者安装，施工单位不得进行下一道工序的施工。未经总监理工程师签字，建设单位不拨付工程款，不进行竣工验收。国家实行建设工程质量监督管理制度，国务院建设行政主管部门对全国的建设工程质量实施统一监督管理。县级以上地方人民政府建设行政主管部门对本行政区域内的建设工程质量实施监督管理。建设工程实行政府监督、社会监理、企业自检的管理模式。

【质量监督管理规定】

29. 交通运输部负责全国公路水运工程质量监督管理工作，县级以上地方人民政府交通运输主管部门按照规定的职责负责本行政区域内的公路水运工程质量监督管理工作。公路水运工程施行质量责任终身制，建设单位对工程质量负管理责任，施工单位对工程施工质量负责，交通运输主管部门或者其委托的建设工程质量监督机构应当在15个工作日内为其办理工程质量监督手续，出具公路水运工程质量监督管理受理通知书。明确监督人员、内容和方式等。应当自建设单位办理完成施工许可或者开工备案手续之日起，至工程竣工验收完成之日，依法开展公路水运工程建设的质量监督管理工作。交通运输主管部门或者其委托的建设工程质量监督机构可以采取随机抽查、备案核查、专项督查等方式对从业单位实施监督检查。实施监督检查时应当有2名以上人员参加。

【农村公路建设质量管理办法】

30. 四好农村路是指把农村公路建好、管好、护好、运营好。本办法主要为了加强农村公路建设质量管理，保证农村公路质量耐久、工程耐用和安全可靠。农村公路新建、改建、扩建工程的质量管理适用本办法。农村公路是指纳入农村公路规划，并按照公路工程技术标准修建的县道、乡道、村道及其所属设施。农村公路建设质量管理应当坚持政府主导、企业主责、社会参与、有效监督的工作原则。县级人民政府是本行政区域内农村公路建设质量管理的责任主体，农村公路建设工程实行质量责任终身制，农村公路建设项目实行项目业主责任制，项目业主对农村公路工程质量管理负总责。

31. 农村公路建设项目实行合同管理制，勘察、设计单位对农村公路勘察、设计质量负主体责任，施工单位对农村公路施工质量负主体责任，监理单位对农村公路施工质量负监理责任。检测机构对检测数据及报告的真实、准确和完整性负责。县级以上交通运输主管部门应当建立健全上下协调、控制有效、覆盖全面的农村公路建设质量监管机制，按照分级负责的原则履行质量监管职责。农村公路建设质量监督检查可采用巡视检查、突击检查、专项督查和双随机等方式。

【安全生产法】

32. 安全生产工作坚持中国共产党的领导，坚持安全第一、预防为主、综合治理的方针。实行管行业必须管安全、管业务必须管安全、管生产经营必须管安全。生产经营单位的主要负责人是本单位安全生产第一责任人，对本单位的安全生产工作全面负责。

从业人员有权对本单位安全生产工作中存在的问题提出批评、检举、控告，有权拒绝违章指挥和强令冒险作业。

【建设工程安全生产管理条例】

33. 《建设工程安全生产管理条例》适用于在中华人民共和国境内从事建设工程的新建、扩建、改建和拆除等有关活动。建设工程安全生产管理，坚持安全第一、预防为主的方针。

意外伤害保险费由施工单位支付。实行施工总承包的，由总承包单位支付意外伤害保险费。意外伤害保险期限自建设工程开工之日起至竣工验收合格止。建设工程实行施工总承包的，分包单位不服从管理导致生产安全事故的，由分包单位承担主要责任。

【危险化学品安全管理条例】

34. 危险化学品生产、储存、使用、经营和运输的安全管理，适用本条例。危险化学品安全管理应当坚持安全第一、预防为主、综合治理的方针。监督检查人员不得少于2人。使用单位应当对检查情况作出记录，记录的保存期限不得少于2年。对企业的安全生产条件每3年进行一次安全评价。民用爆炸物品、烟花爆竹、放射性物品、核能物质以及用于国防科研生产的危险化学品的安全管理，不适用本条例。公安机关负责危险化学品的公共安全管理，核发剧毒化学品购买许可证、剧毒化学品道路运输通行证，并负责危险化学品运输车辆的道路交通安全管理。

35. 对剧毒化学品以及储存数量构成重大危险源的其他危险化学品，储存单位应当将其储存数量、储存地点以及管理人员的情况，报所在地县级人民政府安全生产监督管理部门（在港区内储存的，报港口行政管理部门）和公安机关备案。

危险化学品应储存在专用仓库、专用场地或者专用储存室内，并由专人负责管理；剧毒化学品以及储存数量构成重大危险源的其他危险化学品，应当在专用仓库内单独存放，并实行双人收发、双人保管制度。应建立危险化学品出入库核查、登记制度。

【行政许可法】

36. 行政许可是指行政机关根据公民、法人或者其他组织的申请，经依法审查，准予其从事特定活动的行为。有关行政机关对其他机关或者对其直接管理的事业单位的人事、财务、外事等事项的审批，不适用本法。设立和实施行政许可，应当依照法定的权限、范围、条件和程序，应当遵循公开、公平、公正、非歧视的原则。有关行政许可的规定应当公布；未经公布的，不得作为实施行政许可的依据。行政许可的实施和结果，除涉及国家秘密、商业秘密或者个人隐私的外，应当公开。实施行政许可应当遵循便民的原则，依法取得的行政许可，除法律、法规规定按照法定条件和程序可以转让的外，不得转让。

37. 设定行政许可，应当规定行政许可的实施机关、条件、程序、期限。申请人可以委托代理人提出行政许可申请，但依法应当由申请人到行政机关办公场所提出行政许可申请的除外。行政许可申请可以通过信函、电报、电传、传真、电子数据交换和电子邮件等方式提出。申请材料不齐全或者不符合法定形式的，应当当场或者在五日内一次告知申请人需要补正的全部内容，逾期不告知的，自收到申请材料之日起即为受理。

除可以当场作出行政许可决定的外，行政机关应当自受理行政许可申请之日起二十日内作出行政许可决定，二十日内不能作出决定的，经本行政机关负责人批准，可以延长十日，并应当将延长期限的理由告知申请人。

38. 被许可人需要延续依法取得的行政许可的有效期的，应当在该行政许可有效期届满三十日前向作出行政许可决定的行政机关提出申请。行政机关实施行政许可和对行政许可事项进行监督检查，不得收取任何费用，行政机关提供行政许可申请书格式文本，不得收费。

行政许可申请人隐瞒有关情况或者提供虚假材料申请行政许可的，行政机关不予受理或者不予行政许可，并给予警告；行政许可申请属于直接关系公共安全、人身健康、生命财产安全事项的，申请人在一年内不得再次申请该行政许可。

被许可人以欺骗、贿赂等不正当手段取得行政许可的，行政机关应当依法给予行政处罚；取得的行政许可属于直接关系公共安全、人身健康、生命财产安全事项的，申请人在三年内不得申请该行政许可。

【第二章】学员笔记　　「不经历风雨，怎能见彩虹？」

真题汇编

一、单选题（每题 1 分）

※※第一节　计量法及计量法实施细则※※

1. 为社会提供公正数据的产品质量检验机构，必须经（　　）以上人民政府计量行政部门对其计量检定、测试的能力和可靠性考核合格。

A. 国家　　B. 省级

C. 地市级　　D. 县级

【答案】B　解析：为社会提供公正数据的产品质量检验机构，必须经省级以上人民政府计量行政部门对其计量检定、测试的能力和可靠性考核合格。

2. 国家法定计量单位的名称、符号由（　　）公布。

A. 国务院　　B. 人民代表大会委员会

C. 司法部门　　D. 技术监督部门

【答案】A　解析：国家法定计量单位的名称、符号由国务院公布。

3. 根据《中华人民共和国计量法》的规定，实行强制检定的工作计量器具的目录和管理办法由（　　）制定。

A. 国务院计量行政部门　　B. 省级以上人民政府计量行政部门

C. 县级以上人民政府计量行政部门　　D. 省级以上计量检定机构

【答案】A　解析：实行强制检定的工作计量器具的目录和管理办法，由国务院计量行政部门制定。

4. 下列计量标准中可以不经过计量行政部门考核、批准，就可以使用的是（　　）。

A. 社会公用计量标准　　B. 部门最高计量标准

C. 企事业最高计量标准　　D. 企事业次级计量标准

【答案】D　解析：国务院有关主管部门和省、自治区、直辖市人民政府有关主管部门，根据本部门的特殊需要，可以建立本部门使用的计量标准器具，其各项最高计量标准器具经同级人民政府计量行政部门主持考核合格后使用。

5. 根据《中华人民共和国计量法》，制造、修理计量器具的企业、事业单位必须对制造、修理计量器具进行检定，保证产品计量性能合格，并对合格产品出具（　　）。

A. 生产许可证　　B. CMC 证书

C. 产品合格证　　D. 检定合格证

【答案】C　解析：制造、修理计量器具的企业、事业单位必须对制造、修理计量器具进行检定，保证产品计量性能合格，并对合格产品出具产品合格证。

6. 根据《中华人民共和国计量法》，（　　）以上地方人民政府计量行政部门对本行政区域内的计量工作实施监督管理。

A. 县级　　B. 区级

C. 省级　　D. 市级

【答案】A 解析：县级以上地方人民政府计量行政部门对本行政区域内的计量工作实施监督管理。

7. 根据《中华人民共和国计量法实施细则》，计量器具新产品定型鉴定，由（　　）计量行政部门授权的技术机构进行；样机试验由所在地方的（　　）人民政府计量行政部门授权的技术机构进行。

A. 国务院，省级　　B. 国务院，市级

C. 省级，省级　　D. 省级，县级

【答案】A 解析：计量器具新产品定型鉴定，由国务院计量行政部门授权的技术机构进行；样机试验由所在地方的省级人民政府计量行政部门授权的技术机构进行。

※※第二节　标准化法※※

1. 行业标准的技术要求不得（　　）强制性国家标准的相关技术要求。

A. 高于　　B. 低于

C. 相当于　　D. 等同于

【答案】B 解析：强制性国家标准所规定的技术要求是全社会应遵守的底线要求，其他标准技术要求都不应低于强制性国家标准的相关技术要求。

2. 根据《标准化法》的规定，标准复审的结论不包括（　　）。

A. 继续有效　　B. 合格

C. 修订　　D. 废止

【答案】B 解析：标准复审的结论分为继续有效、修订或废止。

3. 依据《中华人民共和国标准化法》的规定，以下说法不正确的是（　　）。

A. 标准的复审周期一般不超过 5 年

B. 企业自行制定的企业标准，应当公开产品、服务的功能指标和产品的性能指标

C. 推荐性标准的技术要求不得低于强制性国家标准的相关技术要求

D. 行业标准包括强制性标准和推荐性标准

【答案】D 解析：标准包括国家标准、行业标准、地方标准和团体标准、企业标准。行业标准、地方标准是推荐性标准。只有国家标准按实施效力分为强制性标准和推荐性标准。

4. 依据《中华人民共和国标准化法》的规定，强制性国家标准由（　　）批准发布或者授权批准发布。

A. 标准化部门　　B. 标准化委员会

C. 国务院　　D. 国家市场监督管理局

【答案】C 解析：强制性国家标准由国务院批准发布或者授权批准发布。

5. 根据《中华人民共和国标准化法》，国务院标准化行政主管部门统一管理全国标准化工作，（　　）以上地方人民政府标准化行政主管部门统一管理本行政区域内的标准化工作。

A. 省级　　B. 市级

C. 县级　　D. 区级

【答案】C　解析：国务院标准化行政主管部门统一管理全国标准化工作，县级以上地方人民政府标准化行政主管部门统一管理本行政区域内的标准化工作。

※※第三节　产品质量法※※

1. 根据《中华人民共和共产品质量法》，产品质量检验机构必须具备相应的检测条件和能力，经（　　）以上人民政府市场监督管理部门考核合格。

A. 县级　　B. 区级

C. 省级　　D. 市级

【答案】C　解析：产品质量检验机构必须具备相应的检测条件和能力，经省级以上人民政府产品质量监督管理部门或者其授权的部门考核合格后，方可承担产品质量的检验工作。

※※第五节　建设工程质量管理条例※※

1. 建设工程的保修期，自（　　）起计算。

A. 交付使用之日　　B. 竣工验收合格之日

C. 竣工验收完成之日　　D. 主体工程完成之日

【答案】B　解析：建设工程的保修期，自竣工验收合格之日起计算。

2. 施工人员对涉及（　　）的试块、试件以及有关材料，应当在建设单位或者工程监理单位监督下现场取样，并送具有相应资质等级的质量检测单位进行检测。

A. 结构安全　　B. 工程质量

C. 隐蔽工程　　D. 工程造价

【答案】A　解析：施工人员对涉及结构安全的试块、试件以及有关材料，应当在建设单位或者工程监理单位监督下现场取样，并送具有相应资质等级的质量检测单位进行检测。

3. 建设单位不得明示或者暗示设计单位或者施工单位违反工程建设（　　）标准，降低建设工程质量。

A. 强制性　　B. 国家

C. 行业　　D. 地方

【答案】A　解析：建设单位不得明示或者暗示设计单位或者施工单位违反工程建设强制性标准，降低建设工程质量。

4. 依据《建设工程质量管理条例》的规定，必须实行监理的建设工程是（　　）。

A. 重点建设工程

B. 公用事业工程

C. 住宅小区工程

D. 利用外国政府或者国际组织贷款、援助资金的工程

【答案】D　解析：必须实行监理的建设工程有国家重点建设工程、大中型公用事业工程、成片开发建设的住宅小区工程、利用外国政府或者国际组织贷款援助资金的工程、国家规定必须实行监理的其他工程。

5. 依据《建设工程质量管理条例》的规定，基础设施工程、房屋建筑的地基基础工程和主体结构工程最低保修期限为（　　）。

A. 50 年　　B. 70 年

C. 100 年　　D. 设计文件规定的该工程的合理使用年限

【答案】D　解析：基础设施工程、房屋建筑的地基基础工程和主体结构工程最低保修期限为设计文件规定的该工程的合理使用年限；屋面防水工程、有防水要求的卫生间、房间和外墙面的防渗漏为 5 年；供热与供冷系统为 2 个采暖期、供冷期。

6. 依据《建设工程质量管理条例》的规定，（　　）负责建立、健全建设项目档案，并在建设工程竣工验收后及时向相关部门移交建设项目档案。

A. 施工单位　　B. 监理单位

C. 建设单位　　D. 质监机构

【答案】C　解析：建设单位负责建立、健全建设项目档案，并在建设工程竣工验收后及时向相关部门移交建设项目档案。

7. 根据《建设工程质量管理条例》，建设单位应当依法对工程建设项目的勘察、设计、施工、监理以及与工程建设有关的重要设备、材料等的采购进行（　　）。

A. 谈判　　B. 招标

C. 协商　　D. 调研

【答案】B　解析：建设单位应当依法对工程建设项目的勘察、设计、施工、监理以及与工程建设有关的重要设备、材料等的采购进行招标。

※※第七节　农村公路建设质量管理办法※※

1. 根据《农村公路建设质量管理办法》，（　　）对农村公路工程质量负总责。

A. 农村公路办公室　　B. 县级以上交通主管部门

C. 质监机构　　D. 项目业主

【答案】D　解析：项目业主对农村公路工程质量负总责。

※※第九节　建设工程安全生产管理条例※※

1. 根据《建设工程安全生产管理条例》，施工单位为从事危险作业的人员办理意外伤害保险，其期限为（　　）。

A. 自人员进场之日起至人员出场之日止

B. 自开工之日起至竣工验收合格止

C. 自开工之日起至交工验收合格止

D. 自开工之日起至交付使用止

【答案】B　解析：意外伤害保险期限自建设工程开工之日起至竣工验收合格止。

2. 根据《建设工程安全生产管理条例》，建设工程实行施工总承包的，分包单位不服从管理导致生产安全事故的，由（　　）承担主要责任。

A. 建设单位　　B. 监理单位

C. 总承包单位　　D. 分包单位

【答案】D　解析：建设工程实行施工总承包的，分包单位不服从管理导致生产安全事故的，由分包单位承担主要责任。

※※第十节　危险化学品安全管理条例※※

1. 根据《危险化学品安全管理条例》，不在港口区储存剧毒化学品的储存单位，应当将其储存数量、储存地点及管理人员情况报（　　）备案。

A. 公安机关　　B. 市场监督管理部门

C. 安全生产监督管理部门　　D. 安全生产监督管理部门和公安机关

【答案】D　解析：对剧毒化学品以及储存数量构成重大危险源的其他危险化学品，储存单位应当将其储存数量、储存地点以及管理人员的情况，报所在地县级人民政府安全生产监督管理部门（在港区内储存的，报港口行政管理部门）和公安机关备案。

2. 根据《危险化学品安全管理条例》，（　　）负责危险化学品的公共安全管理，核发剧毒化学品购买许可证、剧毒化学品道路运输通行证。

A. 安全生产监督管理部门　　B. 公安机关

C. 质量监督检验检疫部门　　D. 交通运输主管部门

【答案】B　解析：公安机关负责危险化学品的公共安全管理，核发剧毒化学品购买许可证、剧毒化学品道路运输通行证，并负责危险化学品运输车辆的道路交通安全管理。

二、判断题（每题1分）

※※第一节　计量法及计量法实施细则※※

1. 我国选定了若干非SI单位作为国家的法定计量单位，它们具有不同的地位。（　　）

【答案】错　解析：国家法定计量单位由国际单位制单位（SI单位）和国家选定的非国际单位制单位组成，它们具有同等的地位。

2. 根据《中华人民共和国计量法》的规定，计量监督员必须经考核合格后，由县级以上人民政府计量行政部门任命并颁发监督员证件。（　　）

【答案】对　解析：计量监督员必须经考核合格后，由县级以上人民政府计量行政部门任命并颁发监督员证件。

3. 组织量值传递不受行政区划和部门管辖的限制。（　　）

【答案】对　解析：计量检定工作应当按照经济合理的原则，就地就近进行。就地就近进行计量检定，是指组织量值传递不受行政区域和部门管辖的限制。

4. 国务院计量行政部门负责建立各种计量基准器具，作为统一全国量值的最高依据。（　　）

【答案】对　解析：国务院计量行政部门负责建立各种计量基准器具，作为统一全国量值的最高依据。

5. 因特殊需要采用非法定计量单位的管理办法，由国务院计量行政部门另行制定。（　）

【答案】对　解析：国家法定计量单位由国际单位制单位和国家选定的非国际单位制单位组成，因特殊需要采用非法定计量单位的管理办法，由国务院计量行政部门另行制定。

6. 国务院有关主管部门和省、自治区、直辖市人民政府有关主管部门，根据本部门的特殊需要，可以建立本部门使用的计量标准器具，其各项最高计量标准器具经同级人民政府计量行政部门主持考核合格后使用。（　）

【答案】对　解析：国务院有关主管部门和省、自治区、直辖市人民政府有关主管部门，根据本部门的特殊需要，可以建立本部门使用的计量标准器具，其各项最高计量标准器具经同级人民政府计量行政部门主持考核合格后使用。

7. 计量检定必须按照国家计量检定系统表进行，必须执行计量检定规程。（　）

【答案】对　解析：计量检定必须按照国家计量检定系统表进行，必须执行计量检定规程。

※※第二节　标准化法※※

1. 行业标准由国务院有关行政主管部门制定并备案。（　）

【答案】错　解析：行业标准由国务院有关行政主管部门制定，应当由制定标准的部门报国务院标准化行政主管部门备案。

※※第三节　产品质量法※※

1. 公路、桥梁、隧道、码头等永久性设施的工程建设适用于《中华人民共和国产品质量法》。（　）

【答案】错　解析：建设工程、建设工程产品如工业与民用建筑物、交通建设工程所建设的公路、桥梁、隧道、码头等永久性设施，均不适用《产品质量法》。

※※第四节　公路水路行业产品质量监督抽查管理办法※※

1. 根据《公路水路行业产品质量监督抽查管理办法》，承担监督抽查任务的机构应严格按物价管理部门公布的指导价收取被抽查企业的检测费用。（　）

【答案】错　解析：监督抽查不得向被抽查企业收取费用。

2. 根据《交通运输部关于印发〈公路水路行业产品质量监督抽查管理办法〉的通知》（交科技规〔2020〕2 号），抽取样品应当按照有关规定的数量抽取，没有具体的数量规定时，抽样人员可以自行决定抽取样品的数量。（　）

【答案】错　解析：抽取样品应当按照有关规定的数量抽取，没有具体数量规定的，抽取样品不得超过检验的合理需要。

※※第五节　建设工程质量管理条例※※

1. 工程建设须严格执行基本建设程序，坚持先勘察、后设计、再施工的原则。（　　）

【答案】对　解析：从事建设工程活动，必须严格执行基本建设程序，坚持先勘察、后设计、再施工的原则。

2. 建设单位不得迫使承包方以低于成本的价格竞标，不得任意压缩合理工期。（　　）

【答案】对　解析：建设工程发包单位不得迫使承包方以低于成本的价格竞标，不得任意压缩合理工期。

3. 建设单位违反《建设工程质量管理条例》规定，明示或者暗示设计单位或者施工单位使用不合格的建筑材料、建筑构配件和设备的责令整改处50万元以上100万元以下罚款。（　　）

【答案】错　解析：建设单位明示或者暗示设计单位或者施工单位使用不合格的建筑材料、建筑构配件和设备的责令整改处20万元以上50万元以下罚款。

4. 依据《建设工程质量管理条例》的规定，实行监理的建设工程，建设单位可以委托具有工程监理相应资质等级并与被监理工程的施工承包单位没有隶属关系或者其他利害关系的该工程的设计单位进行监理。（　　）

【答案】对　解析：实行监理的建设工程，建设单位应当委托具有相应资质等级的工程监理单位进行监理，也可以委托具有工程监理相应资质等级并与被监理工程的施工承包单位没有隶属关系或者其他利害关系的该工程的设计单位进行监理。

5. 建设单位在领取施工许可证或者开工报告前，应当按照国家有关规定办理工程质量监督手续。（　　）

【答案】对　解析：建设单位在领取施工许可证或者开工报告前，应当按照国家有关规定办理工程质量监督手续。

※※第七节　农村公路建设质量管理办法※※

1. “四好农村路”是指把农村公路建好、管好、护好、运营好。（　　）

【答案】对　解析：四好农村路是指把农村公路建好、管好、护好、运营好。

三、多选题（每题2分，下列各题均有2个或2个以上备选答案符合题意，有错误选项不得分，选项正确但不完全的每个选项得0.5分，完全正确的得满分。）

※※第一节　计量法及计量法实施细则※※

1. 县级以上人民政府计量行政部门对社会公用计量标准器具，部门和企业、事业单位使用的最高计量标准器具，以及用于（　　　）方面的列入强制检定目录的工作计量器具，实行强制检定。

A. 贸易结算　　B. 安全防护

C. 医疗卫生　　D. 环境监测

【答案】ABCD　解析：县级以上人民政府计量行政部门对社会公用计量标准器具，部门和企业、事业单位使用的最高计量标准器具，以及用于贸易结算、安全防护、医疗卫生、环境监测方面的列入强制检定目录的工作计量器具，实行强制检定。

2. 处理因计量器具准确度所引起的纠纷以（　　　）检定的数据为准。

A. 国家计量基准器具　　B. 国家承认的其他计量基准器具

C. 社会公用计量标准器具　　D. 人民生活中被普遍使用的计量标准

E. 进口的计量器具

【答案】AC　解析：处理因计量器具准确度所引起的纠纷，以国家计量基准器具或者社会公用计量标准器具检定的数据为准。

3. 计量的特点主要包括（　　　）。

A. 溯源性　　B. 准确性

C. 一致性　　D. 法制性

【答案】ABCD　解析：计量的特点：准确性、一致性、溯源性、法制性。

4. 在中华人民共和国境内，建立（　　　），进行计量检定，制造、修理、销售、使用计量器具，必须遵守《中华人民共和国计量法》。

A. 计量基准器具　　B. 计量标准器具

C. 计量参考器具　　D. 工作计量器具

【答案】AB　解析：在中华人民共和国境内，建立计量基准器具、计量标准器具，进行计量检定，制造、修理、销售、使用计量器具，必须遵守《中华人民共和国计量法》。

5. 关于计量检定规程的说法正确的有（　　　）。

A. 计量检定规程属于推荐性技术文件

B. 国家计量检定规程由国务院计量行政部门制定，在全国范围内施行

C. 没有国家计量检定规程的，国务院有关主管部门可制定国家计量检定规程，在本部门施行

D. 省、自治区、直辖市人民政府计量行政部门可制定地方计量检定规程，在本行政区内施行

【答案】BCD　解析：计量检定规程是技术规范，具有法律效力，是强制性的。

※※第二节　标准化法※※

1. 依据《中华人民共和国标准法》，下列属于应当制定强制性国家标准规定其技术要求的有：（　　　）。

A. 计算机信息系统安全保护等级划分准则

B. 公路桥梁承载能力评定方法

C. 公民身份证号码

D. 法人和其他组织统一社会信用代码编制规则

E. 环境空气质量标准

【答案】ACDE　解析：强制性国家标准严格限定在保障人身健康和生命财产安全、国家安全、生态环境安全和满足社会经济管理基本需求的范围之内，如《家用和类似用途电器的安全》《计算机信息系统安全保护等级划分准则》《环境空气质量标准》《公民身份号码》《法人和其他组织统一社会信用代码编码规则》等。

2. 标准样品是实物样品标准，是保证标准在不同时间和空间实施结果一致性的参照物，不同于一般的试验样品，标准样品具有（　　）。

A. 均匀性　　B. 标准性

C. 公正性　　D. 溯源性

【答案】AD　解析：标准样品是实物标准，指保证标准在不同时间和空间实施结果一致性的参照物，具有均匀性、稳定性、准确性和溯源性。

3. 地方标准由（　　）人民政府标准化行政主管部门制定。

A. 省　　B. 市

C. 自治区　　D. 直辖市

【答案】ACD　解析：地方标准由省、自治区、直辖市人民政府标准化行政主管部门制定。

※※第三节　产品质量法※※

1. 产品质量检验机构违反《产品质量法》有关规定的行为包括（　　）。

A. 伪造检验结果　　B. 出具的检验结果不实，造成损失

C. 向社会推荐生产者的产品　　D. 以监制的方式参与产品的经营活动

【答案】ABCD　解析：产品质量检测机构、认证机构伪造检验结果或出具虚假证明的，出具的检验结果或者证明不实，造成损失的，都属于违法行为。产品质量监督部门或者其他国家机关以及产品质量检验机构不得向社会推荐生产者的产品；不得以对产品进行监制、监销等方式参与产品经营活动。

2. 根据《中华人民共和国产品质量法》的罚则，产品检验机构伪造检验结果或者出具虚假证明的，作如下处罚（　　）。

A. 情节严重的，取消检验资格

B. 构成犯罪的追究刑事责任

C. 对单位处五万元以上十万元以下罚款

D. 对直接负责的主管人员和其他直接责任人处一万元以上五万元以下罚款

【答案】ABCD　解析：产品质量检验机构、认证机构伪造检验结果或者出具虚假证明的，责令改正，对单位处五万元以上十万元以下的罚款；对直接负责的主管人员和其他直接责任人处一万元以上五万元以下的罚款；有违法所得的，并处没收违法所得；情节严重的，取消其检验资格、认证资格；构成犯罪的，依法追究刑事责任。

※※第四节　公路水路行业产品质量监督抽查管理办法※※

1. 根据《公路水路行业产品质量监督抽查管理办法》（交科技规〔2020〕2 号），公路水路行业产品质量监督抽查工作中，监督抽查的样品应当由抽样人员在（　　）随机抽取。

A. 市场上

B. 企业成品仓库内待销的产品中

C. 未经生产企业检验合格的产品中

D. 对产品质量有特殊规定的出口产品中

【答案】AB　解析：监督抽查的样品应当由抽样人员在市场上或者企业成品仓库内待销的产品中随机抽取，不得由企业抽样或者送样。

※※第五节　建设工程质量管理条例※※

1.《建设工程质量管理条例》所指的建设工程包括（　　　）。

A. 装修工程　　B. 线路管道

C. 设备安装　　D. 土木工程

【答案】ABCD　解析：本条例所称建设工程，是指土木工程、建筑工程、线路管道和设备安装工程及装修工程。

2. 以下（　　　）活动必须遵守建设工程质量管理条例。

A. 新建　　B. 扩建

C. 改建　　D. 养护

【答案】ABC　解析：凡在中华人民共和国境内所有从事建设工程的新建、扩建、改建等有关活动及实施对建设工程质量监督管理的，必须遵守本条例。

3. 对建设工程质量负责的单位包括（　　　）。

A. 建设单位　　B. 施工单位

C. 勘察设计单位　　D. 工程监理单位

【答案】ABCD　解析：建设单位、勘察单位、设计单位、施工单位、工程监理单位依法对建设工程质量负责。

4. 建设工程竣工验收应当具备的条件有（　　　）。

A. 有完整的技术档案

B. 有完整的施工管理资料

C. 完成工程设计和合同约定的各项内容

D. 有材料、建筑构配件和设备的进场试验报告

【答案】ABCD　解析：建设工程竣工验收应当具备下列条件：

（1）完成建设工程设计和合同约定的各项内容；

（2）有完整的技术档案和施工管理资料；

（3）有工程使用的主要建筑材料、建筑构配件和设备的进场试验报告；

（4）有勘察、设计、施工、工程监理等单位分别签署的质量合格文件；

（5）有施工单位签署的工程保修书。

5. 下列有关建筑材料、建筑构配件、设备和商品混凝土的检验工作要求，正确的有（　　　）。

A. 有书面记录　　B. 有专人签字

C. 未经检验不得使用　　D. 检验不合格不得使用

【答案】ABCD　解析：施工单位必须按照工程设计要求、施工技术标准和合同约定，对建筑材料、建筑构配件、设备和商品混凝土进行检验，检验应当有书面记录和专人签字；未经检验或者检验者不合格的，不得使用。

6. 根据《建设工程质量管理条例》的规定，隐蔽工程在隐蔽前，施工单位应当通知（　　）。

A. 建设单位　　B. 建设工程质量监督机构

C. 监理单位　　D. 设计单位

【答案】AB　解析：施工单位必须建立、健全施工质量的检验制度，严格工序管理，做好隐蔽工程的质量检查和记录。隐蔽工程在隐蔽前，施工单位应当通知建设单位和建设工程质量监督机构。

7. 根据《建设工程质量管理条例》的规定，施工单位应当建立质量责任制，确定工程项目的（　　）。

A. 项目经理　　B. 技术负责人

C. 施工管理负责人　　D. 质量负责人

【答案】ABC　解析：施工单位应当建立质量责任制，确定工程项目的项目经理、技术负责人和施工管理负责人。

8. 根据《建设工程质量管理条例》的规定，监理工程师应当按照工程监理规范的要求，采取（　　）等形式，对建设工程实施监理。

A. 旁站　　B. 巡视

C. 施工组织设计　　D. 平行检验

【答案】ABD　解析：监理工程师应当按照工程监理规范的要求，采取旁站、巡视和平行检验等形式，对建设工程实施监理。

9. 依据《建设工程质量管理条例》的规定，施工图设计文件未经（　　）的，不得使用。

A. 审查　　C. 核查　　B. 检查　　D. 批准

【答案】AD　解析：施工图设计文件未经审查批准的，不得使用。

10. 根据《建设工程质量管理条例》，施工单位必须按照（　　），对建筑材料、建筑构配件、设备和商品混凝土进行检验。

A. 工程设计要求　　B. 施工技术标准

C. 合同约定　　D. 监理要求

【答案】ABC　解析：施工单位必须按照工程设计要求、施工技术标准和合同约定，对建筑材料、建筑构配件、设备和商品混凝土进行检验。

※※第六节　公路水运工程质量监督管理规定※※

1. 根据《公路水运工程质量监督管理规定》（交通运输部令 2017 年第 28 号），交通运输主管部门或者委托的建设工程质量监督机构可以采取（　　）等方式对从业单位实施监督检查。

A. 随机抽查　　B. 备案核查

C. 实地考察　　D. 专项督查

【答案】ABD　解析：交通运输主管部门或者其委托的建设工程质量监督机构可以采取随机抽查、备案核查、专项督查等方式对从业单位实施监督检查。

※※第十节　危险化学品安全管理条例※※

1. 按照危险化学品相关管理规定，对剧毒化学品以及储存数量构成重大危险源的其他危险化学品，应当采取的措施包括（　　）。

A. 在专用储藏室内存放　　B. 双人收发

C. 双人保管　　D. 在专用仓库内单独存放

【答案】BCD　解析：危险化学品应储存在专用仓库、专用场地或者专用储存室内，并由专人负责管理；剧毒化学品以及储存数量构成重大危险源的其他危险化学品，应当在专用仓库内单独存放，并实行双人收发、双人保管制度。

第三章　公路水运工程试验检测管理

速记宝典

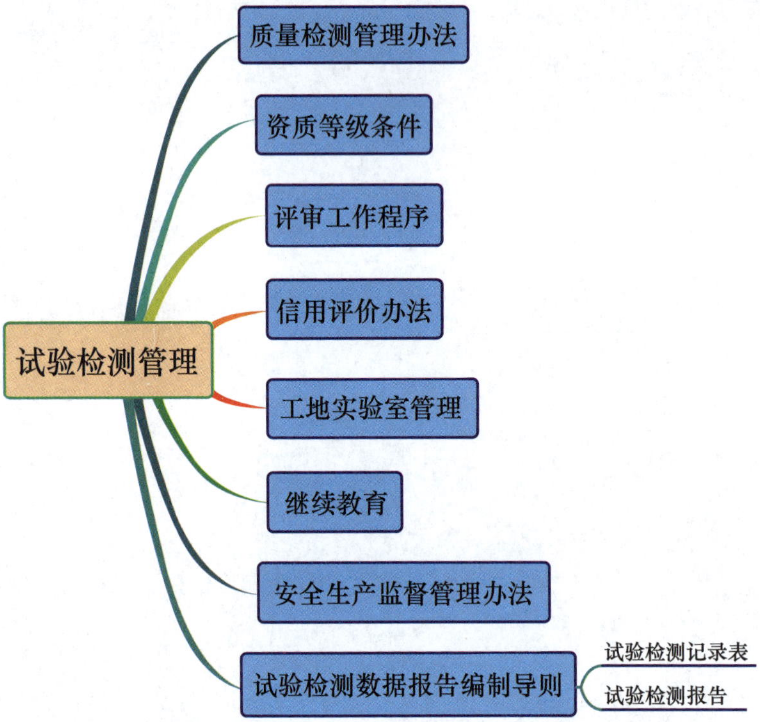

【质量检测管理办法】

39. 《公路水运工程质量检测管理办法》制定的目的是加强公路水运工程质量检测管理，保证公路水运工程质量及人民生命和财产安全。公路水运工程质量检测指取得公路水运工程质量检测机构资质的公路水运工程质量检测机构，根据国家有关法律、法规的规定，依据相关技术标准、规范、规程，对公路水运工程所用材料、构件、工程制品、工程实体等进行的质量检测活动。公路水运工程质量检测活动应当遵循科学、客观、严谨、公正的原则。检测机构资质分为公路工程、水运工程专业。公路工程专业设甲级、乙级、丙级资质和交通工程、桥梁隧道工程资质，水运工程专业分为材料类和结构类。水运工程材料类设甲级、乙级、丙级资质，水运工程结构类设甲级、乙级资质。

申请公路工程甲级、交通工程专项，水运工程材料类甲级、结构类甲级检测机构资质的，应当向交通运输部提交申请。

申请公路工程乙级和丙级、桥梁隧道工程专项、水运工程材料类乙级和丙级、结构类乙级检测机构资质的，应当向注册地的省级人民政府交通运输主管部门提交申请。

40. 检测机构资质的差异主要体现在试验检测参数的数量，并不完全代表其试验检测水平的高低。申请人可以同时申请不同专业、不同等级的检测机构资质。申请人应提交以下申请材料：检测机构资质申请书；检测人员、仪器设备和设施、质量检测场所证明材料；质量保证体系文件。许可机关受理申请后，应当组织开展专家技术评审，专家技术评审实行专家组组长负责制，专家组一般由 3 人及以上组成，设组长 1 名。专家应当客观、独立、公正开展评审。专家技术评审包括书面审查和现场核查两个阶段，所用时间不计算在行政许可期限内。专家技术评审的时间最长不得超过 60 个工作日。专家技术评审应当对申请人提交的全部材料进行书面审查，并对实际状况与申请材料的符合性、申请人完成质量检测项目的实际能力、质量保证体系运行等情况进行现场核查。

41. 许可机关应当自受理申请之日起 20 个工作日内作出是否准予行政许可的决定，检测机构资质证书由正本和副本组成，分为纸质证书和电子证书，全国通用，具有同等效力。检测机构资质证书有效期为 5 年，有效期满拟继续从事质量检测业务的，检测机构应当提前 90 个工作日向许可机关提出资质延续申请。许可机关应在检测机构资质证书有效期满前，作出是否准予延续的决定，符合资质条件的，许可机关准予检测机构资质证书延续 5 年。资质延续审批中的专家技术评审以专家组书面审查为主。

42. 检测机构的名称、注册地址、检测场所地址、法定代表人、行政负责人、技术负责人和质量负责人等事项发生变更的，检测机构应当在完成变更后 10 个工作日内向原许可机关申请变更。发生检测场所地址变更的，许可机关应当选派 2 名以上专家进行现场核查，并在 15 个工作日内办理完毕；其他变更事项许可机关应当在 5 个工作日内办理完毕。检测机构发生合并、分立、重组、改制等情形的，应当重新提交资质申请。检测机构需要终止经营的，应当在终止经营之日 15 日前告知许可机关，并办理注销手续。许可机关开展检测机构资质行政许可和专家技术评审不得收费。

43. 检测机构应当建立样品管理制度，提倡盲样管理。盲样管理是为了保证检测数据公正，将客户信息（送检者、生产厂家、委托方）隐藏不被试验者了解而进行的样品管理。检测机构应当建立健全档案制度，原始记录和质量检测报告内容必须清晰、完整、规范，保证档案齐备和检测数据可追溯。检测机构出具的质量检测报告包括检测项目、参数数量（批次）、检测依据、检测场所地址、检测数据、检测结果等相关信息。

检测机构不得出具虚假检测报告，不得篡改或者伪造检测报告。

检测机构在同一公路水运工程项目标段中不得同时接受建设、监理、施工等多方的质量检测委托，检测机构依据合同承担公路水运工程质量检测业务，不得转包、违规分包。检测机构的技术负责人和质量负责人应当由试验检测师担任，质量检测报告应当由公路水运工程试验检测师审核、签发，检测人员不得同时在两家或者两家以上检测机构从事检测活动，不得借工作之便推销建设材料、构配件和设备。检测机构资质证书不得转让、出租。

44. 交通运输部建立健全质量检测信用管理制度，质量检测信用管理实行统一领导，分级负责。检测机构取得资质后，不再符合相应资质条件的，许可机关应当责令其限期整改并向社会公开。检测机构完成整改后，应当向许可机关提出资质重新核定申请。

交通运输主管部门实施监督检查时，有权采取以下措施：要求被检查的检测机构或者有关单位提供相关文件和资料；查阅、记录、录音、录像、照相和复制与检查相关的事项和资料；进入检测机构的检测工作场地进行抽查；发现有不符合的质量检测行为，责令立即改正或者限期整改。交通运输部、省级人民政府交通运输主管部门应当组织比对试验。

45. 检测机构隐瞒有关情况或者提供虚假材料申请资质的，许可机关不予受理或者不予行政许可，并给予警告；检测机构 1 年内不得再次申请该资质。

检测机构以欺骗、贿赂等不正当手段取得资质证书的，由许可机关予以撤销；检测机构 3 年内不得再次申请该资质，构成犯罪的，依法追究刑事责任。

检测机构有下列行为之一的，由交通运输主管部门处 1 万元以上 3 万元以下罚款；造成危害后果的，处 3 万元以上 10 万元以下罚款；构成犯罪的，依法追究刑事责任。（1）未取得相应资质从事质量检测活动的；（2）资质证书已过有效期从事质量检测活动的；（3）超出资质许可范围从事质量检测活动的；（4）出具虚假检测报告，篡改、伪造检测报告的；（5）将检测业务转包、违规分包的。

检测机构转让、出租检测机构资质证书的，由交通运输主管部门责令停止违法行为，收缴有关证件，处 5000 元以下罚款。

【资质等级条件】

46. 公路工程及水运工程质量检测机构资质等级条件对人员配备要求中为强制性要求的有持试验检测人员证书总人数、持试验检测师证书人数、相关专业高级职称人数、技术负责人和质量负责人都是相关专业职称与持试验检测师证书（技术负责人有专业要求，质量负责人无专业要求）。公路工程技术负责人和质量负责人要求的试验检测工作经历都是“85588（年）”。试验检测用房使用面积（不含办公面积）对甲级、乙级、丙级分别为≥1300m^2、≥700m^2、≥400m^2；交通工程专项和桥梁隧道工程专项都是≥900m^2。黑体字为强制要求，一项不满足视为不通过。非黑体字为非强制要求，不满足时，技术评审时采取扣分处理。只要满足技术负责人任职资格条件，均满足质量负责人的任职条件，技术负责人可以兼任质量负责人。同时具有公路工程、水运工程资质等级的质量检测机构，其质量负责人应是同一个人。满足交通工程、桥梁隧道工程资质技术负责人的条件一定满足公路工程甲级资质要求，反之则不一定。

47. 试验检测用房使用面积是强制要求，不满足要求不得申请资质。检测用房的产权或长期使用权不少于5年。试验检测用房面积包括各检测室、养护室、委托、留样、档案存放、用于放置车载式仪器设备的室内场地等面积，不包括检测机构用于办公的场地面积，如办公室、会议室。可选参数申请数量应不低于本等级可选参数总数量的60%，可选参数申请介于总量的60%～80%时，技术评审时采取扣分制，每缺1个参数扣0.5分，只有申请参数≥总量的80%时，技术评审不扣分。仪器设备配置的数量和精度应符合规范要求，数量应满足需要，并应同时具有其所有权和使用权。同一试验检测参数具有多个试验方法时，检测机构的试验检测能力还应符合相应等级的试验方法要求。

【评审工作程序】

48. 申请资质的检测机构在公路水运工程质量检测管理信息系统提交《公路水运工程质量检测机构资质申请书》，许可机关自收到申请人提交的技术评审证明材料后，5个工作日内向申请人发出技术评审通知。现场核查时间一般为2天。典型报告应覆盖所有的质量检测项目且不少于质量检测项目必选参数的10%，其中桥梁、隧道和基坑及基桩等涉及结构安全的检测项目以及水泥混凝土、沥青混合料等检测项目不少于必选参数的15%，新增参数典型报告不低于30%。主要仪器设备应不低于所申请资质等级必选仪器设备总量的40%。现场核查内容包括申请人完成质量检测项目的实际能力、实际状况与申请材料的符合性、质量保证体系运行等情况，分为工作预备、工作布置、总体核查、现场考核、情况反馈等阶段。

49. 行政、技术、质量负责人所持试验检测证书可在多个资质中使用，技术负责人不单独配置时，应同时持有不同资质要求的检测人员证书。不同资质可共用检测用房、仪器设备，但检测用房须满足不同资质要求。在覆盖所有质量检测项目的基础上，抽查不少于15%的必选参数和5%的可选参数的质量检测记录和报告。现场试验操作考核参数一般应采取随机抽取的方式确定，且应覆盖所申请资质等级能力范围的所有检测项目，并不低于必选参数总量的15%，同时抽取相应的检测人员。对于有模拟报告而无业绩且未能提交比对试验报告的参数，也应列为现场试验操作随机抽取考核范围。

50. 延续审批需现场评审时，应将难度较大、资质证书有效期内未开展或开展频率低、标准规范发生变更、比对试验结果存在问题的检测参数等纳入随机抽取考核范围。考查申请人行政、技术、质量负责人等关键岗位人员，应重点考查资历条件是否满足资质等级条件及有关要求，是否理解和熟悉岗位职责等内容，考查可采取口头问答或书面考试等方式进行。

专家组经报告许可机关同意后可终止技术评审工作的情况包括实际状况与申请材料严重不符包括人员、场所、仪器设备等强制性指标要求的实际情况低于资质等级条件要求、检测实际能力不能满足基本要求、质量保证体系失控，相关记录缺失或失实、有意干扰技术评审工作，技术评审工作不能正常进行、存在伪造质量检测报告、出具虚假数据等弄虚作假行为、存在被考核人员冒名顶替、借（租）用质量检测仪器设备等情况、存在其他严重的违法违规问题。

【信用评价】

51. 评价对象为持有公路水运工程试验检测师或助理试验检测师（试验检测工程师或试验检测员）资格证书的试验检测从业人员；取得试验检测等级证书的机构。评价范围为承担公路水运工程试验、检测及监测业务的试验检测机构的从业承诺履行状况。信用评价的原则是公开、公正、客观、科学【口诀：公公客科】。试验检测机构的信用评价实行综合评分制，试验检测机构设立的工地实验室及单独签订合同承担的现场试验检测项目的信用评价，作为其信用评价的组成部分。试验检测机构对外派的工地实验室有连带责任，工地实验室数量越多，其信用评价的风险也越大。试验检测机构、工地实验室及现场检测项目的评价采用扣分制，基准分为 100 分。

52. 人员的信用评价实行随机检查累计扣分制。在评价周期内，试验检测人员在不同项目和不同工作阶段发生的违规行为实行累计扣分，一个具体行为涉及两项以上违规行为的，以扣分标准高者为准。评分标准：20 分≤人员累计扣分分值 <40 分，属信用较差；人员累计扣分分值≥40 分，属信用差。连续 2 年被评为信用较差的人员，信用等级直接按差发布，并列入黑名单。伪造证书信用评为差，列入黑名单。

53. 试验检测机构信用评价分为AA、A、B、C、D5 个等级；对应的信用评分为 95 ~85 ~70 ~60（≥ <），分别表示信用好、信用较好、信用一般、信用较差、信用差。被评为 D 级（信用差）的试验检测机构直接列入黑名单。质监机构用于复核评价的不良信用信息采集每年至少 1 次且要覆盖到评价标准的所有项。评价依据包括检测机构自评情况、各种失信行为、违规行为和行政处罚行为。信用评价实行评价人员及评价机构

负责人签认负责制。

54. 交通运输部负责公路水运工程试验检测机构和人员信用评价工作的统一管理，负责试验检测师和取得公路水运甲级（专项）等级证书试验检测机构的信用评价和信用评价结果的发布。省级交通运输主管部门负责本行政区域内助理试验检测师和乙级、丙级试验检测机构信用评价工作的管理。部质监机构和省级质监机构负责信用评价的具体组织实施工作，上一级质监机构应当对下一级质监机构信用评价工作进行监督检查。信用评价周期为1年，评价的时间段为1月1日至12月31日。

55. 工程试验检测机构、工地实验室及现场检测项目、试验检测人员的信用评价标准分别有24、19、14项失信行为。

试验检测机构，直接确定为D级差的有5项：【口诀：借骗假零罚】出借或借用试验检测等级证书承揽试验检测业务的；以弄虚作假或其他违法形式骗取等级证书或承接业务的；出具虚假数据报告并造成质量安全事故或质量标准降低的；所设立的工地实验室及现场检测项目有得分为0分的；存在严重失信行为，作为责任单位被部、省级交通运输及以上有关部门行政处罚的。

扣20分的情况有使用过期等级证书。

扣15分的情况有参加比对、能力验证遮挡。

扣10分的情况有假数据、工地实验室未有效监管、聘用重复执业或信用差、技术质量负责人达不到上岗要求、仪器不满足、无故不参加比对、未整改闭合。

扣5分的情况有超资质、未变更、人数不够、报告结论不正确、比对不满意、标准不正确。

56. 工地实验室及现场检测项目信用评价扣100分的情况有出具虚假数据报告造成质量安全事故或质量标准降低、未履行合同擅自撤离工地。

扣40分的情况有未按规定参加信用评价。

扣20分的情况有母体机构未授权、严重失信被通报批评处罚。

扣10分的情况有假数据、聘用重复执业或信用差、授权负责人非母体派出或长期不在岗、未按规定上报不合格、未整改闭合、严重违反操作规程。

扣5分的情况有超授权范围，未按规定配备人员、样品、档案管理。

57. 试验检测人员信用评价扣40分的情况有犯罪、出具虚假数据报告造成质量安全事故或质量标准降低、出借资格证书。

扣20分的情况有聘两个单位、吃拿卡要、推销、工地实验室<70分时对授权负责人处罚。

扣10分的情况有假数据。

扣5分的情况有未按规定检测、超范围使用资质章、代签报告。

【工地试验室管理】

58. 工地实验室标准化建设的核心是质量管理精细化、检测工作规范化、硬件建设标准化、数据报告信息化。取得《资质等级证书》的检测机构，可设立工地实验室，承担相应公路水运工程的试验检测业务，并对其试验检测结果承担责任。工地实验室标准化建设应坚持因地制宜、量力而行、务求实效和经济适用的工作原则。工地实验室不能超范围开展检测工作，凡是工地实验室的母体不具备等级证书的，其所出具的数据将不能作为公路水运工程质量评定和工程验收的依据，质监机构将不予认可。建设单位委托具有《等级证书》和《计量认证证书》的第三方试验检测机构设立工地实验室，承担工程建设项目监理的全部或部分试验检测工作，但不包括施工方的工地检测。

59. 母体试验检测机构应当在其等级证书核定的业务范围内，对工地实验室进行授权，授权书包括工地实验室可开展的试验检测项目及参数、授权负责人、授权工地实验室的公章、授权期限等。授权书应加盖母体试验检测机构公章及等级专用标识章。当工地现场需要的试验检测参数超出母体检测机构等级证书范围时，应当委托具有交通行业等级证书且通过计量认证的机构，参数超过等级标准的范围时，应当委托通过计量认证的机构。工地实验室应在母体试验检测机构授权的范围内，为工程建设项目提供试验检测服务，不得对外承揽试验检测业务。工地实验室应建立完善的质量保证体系和管理制度，工地实验室设立实行登记备案制，流程为母体授权→工地实验室填写备案登记表→建设单位初审→质监机构登记备案→出具备案通知书。

60. 工地实验室被授权的试验检测项目及参数，或试验检测持证人员变更的，应当由母体试验检测机构报经建设单位同意后，向项目质监机构备案。母体试验检测机构对工地实验室试验检测结果的真实性和准确性负责。工地实验室的相关资料（如授权书、备案通知书、设备使用记录、检测原始记录、检测台账等）应在工程完工后移交母体检测机构，是母体业绩的证明材料。工地实验室要做到试验检测台账、仪器设备使用记录、试验检测原始记录、试验检测报告相互对应。记录和试验检测报告的签字人必须是专业满足签字领域的持证人员。鼓励工地实验室推行标准化、信息化管理，工地实验室出具的试验检测报告应加盖工地实验室印章，印章的基本信息有母体试验检测机构名称＋建设项目标段名称＋工地实验室。

61. 所有试验检测人员均应持证上岗，并在母体实验室注册登记，不得同时受聘于两家或两家以上的工地实验室。不得聘用信用较差或差的试验检测人员担任授权负责人，不得聘用信用差的试验检测人员从事试验检测工作。工地实验室实行授权负责人责任制，授权负责人对工地实验室运行管理工作和试验检测活动全面负责，必须是母体试验检测机构委派的正式聘用人员，且须持有试验检测师证书。授权负责人对违规人员有权辞退。实行不合格品报告制度，对不合格报告，工地实验室授权负责人应在2个工作日之内报送试验检测委托方，抄送项目质量监督机构。

62. 工地实验室授权负责人变更，需由母体试验检测机构提出申请，经项目建设单位同意后报项目质监机构备案。工地实验室授权负责人信用等级被评为信用较差的，2年内不能担任工地实验室授权负责人。信用等级被评为信用差的，5年内不能担任工地实验室授权负责人。工地实验室信用评价结果≤70分的，其授权负责人2年内不能担任工地实验室授权负责人。工地实验室应按合同段单独设立，工程规模过大时应设立分实验室。同一合同段内施工、监理单位的工地实验室不得由同一家母体检测机构授权设立。上一年度信用评价等级在C级及以下的检测机构不宜作为授权设立工地实验室的母体检测机构。工地实验室按照规定到项目质监机构登记备案后，方可开展试验检测工作。工地实验室对于超出母体检测机构授权范围的试验检测项目和参数应进行外委，应向项目建设单位报备。

【继续教育、安全管理】

63. 试验检测机构应督促本单位试验检测人员按要求参加继续教育，并保证试验检测人员参加继续教育的时间，提供必要的学习条件。部质监局的职责有主管全国继续教育工作；负责制定相关制度；确定主体内容；统一组织培训；监督指导各省工作。交通运输部职业资格中心配合部质监局开展相关具体工作。省级质监机构的职责有负责本省继续教育工作；负责制定本行政区制度和计划；确定补充内容；组织协调本省工作。承担继续教育的机构应有不少于10名的师资人员，继续教育的方式有集中面授方式，逐步推行网络教学和远程教育。试验检测继续教育周期为2年（从取得证书的次年起计算），每个周期内接受继续教育的时间累计不应少于24学时。

64. 每个继续教育周期内，不同形式的专业活动折算的学时可叠加。

折算8学时的有助理试验检测师阅卷、省组织的评定或专项检查；

折算12学时的有考试大纲及考试用书编写、试验检测师阅卷、部组织的评定或专项检查；

折算24学时的有考试命题、担任继续教育师资。

试验检测人员在继续教育过程中有弄虚作假、冒名顶替等行为的，取消其本周期内已取得的继续教育记录，并纳入诚信记录。安全生产三类人员包括施工单位的主要负责人、项目负责人、专项安全生产管理人员。其中施工单位的主要负责人包括企业法定代表人和企业安全生产工作的负责人；项目负责人包括项目经理、项目副经理、项目总工。

65. “安全第一，预防为主，综合治理”是安全生产工作的指导方针，工地实验室选址严禁设置在已发现的泥石流影响区、滑坡体等危险区域。导致重大事故隐患的对从业单位处1万元以上3万元以下的罚款。试验检测从检测工作的场所来分可以分为室内试验和室外检测。在已开放交通的道路上进行质量检测时，除在距离检测现场一定距离的地方设置安全警示标志外，检测人员还须身穿安全防护服。

【试验检测记录与报告】

66. 试验检测机构的管理体系文件包括质量手册、程序文件、作业指导书、相关记录文件格式四个层次。记录文件有管理记录文件和技术记录文件。技术记录是进行试验检测后所产生的数据和信息，包括原始观察数据、导出数据、确保检测活动公正准确可以追溯的其他信息。原始记录应具有溯源性、真实性、完整性和准确性。记录文件和检测报告文件都仅仅是格式，按照文件格式填写相关内容后生成的最终产品是记录和检测报告。无论记录格式还是记录，报告格式还是报告，都应实施受控管理，记录格式、报告格式有相应的受控编号，记录、报告有唯一性编号。记录应包括抽样的人员、试验人员和结果校核人员的标识。观察结果、数据和计算应在产生时予以记录，对记录的所有改动应有改动人的签名或签名缩写。所有记录应予安全保护和保密。记录可存于任何媒体上。

67. 检验检测原始记录、报告、证书的保存期限不少于6年。人员或设备记录应随同人员工作期间或设备使用时限全程保留，在人员调离或设备停止使用后，人员或设备技术记录应再保存3年。原始记录不可用空白纸取代记录格式，原始记录可以划改，划改后的数据或信息依然可辨识。试验检测原始记录的常见问题表现为检验样品的准备、处置和制备记录不全；引用数据缺少可追溯性；从笔记本上转抄检验记录。不得将原始记录先记录在笔记本上然后转抄到格式化的原始记录上。报告是试验检测产生的最终产品，信息来源于委托单或委托合同及原始记录，应具有可追溯性，不得超出委托单和原始记录的信息。

68. 报告的基本要求：检验检测依据正确，符合客户的要求；报告结果及时，按规定时限向客户提交结果报告；结果表述准确、清晰、明确、客观，易于理解；使用法定计量单位。另外，在标识、签字、印章使用上还应满足：检验检测报告或证书应有唯一性标识；检验检测报告或证书批准人的签字或等效的标识；检验检测报告或证书应当按照要求加盖资质认定标志 CMA（报告首页左上角）和检验检测专用章。检验检测机构公章可替代检验检测专用章使用，也可公章与检验检测专用章同时使用，专用章包含五角星图案，形状可为圆形或椭圆形。专用章可命名为检验专用章或检测专用章，检验检测机构开展由客户送样的委托检验时，检验检测数据和结果仅对来样负责。检验检测机构应提出未经检验检测机构书面批准，不得复制（全文复制除外）检验检测报告或证明的声明。

69. 监督抽检：全部符合标准为合格；出现不符合为不合格；对部分进行检验时，仅对所检项目做出判定，不得判定产品合格。

委托检验检测：全项对样品判定、仅对部分项目分别表述、委托送样声明对送检样品负责、委托抽样对所检现场工程或样本负责。

检验检测结论：依据××标准，所检××项目或所检××参数符合或不符合××方法或产品标准要求。当用电话、电传、传真或其他电子或电磁方式传送检验检测结果时，应满足本准则对数据控制的要求。检验检测报告或证书签发后，若有更正或增补应予以记录。修订的检验检测报告或证书应标明所代替的报告或证书，并注以唯一性标识。重新发布修订的检验检测报告或证书有区别于原检验检测报告或证书的唯一性标识。若原报告或证书不能收回，应有声明原检验检测报告或证书作废的声明。不同检测项目的结果，如果覆盖了不同的专业技术领域，也可分专业领域出具检测报告。报告归档时，应将检测委托单或合同、任务单或检测通知单、原始记录及检测报告等一并归档。

70. 数据报告包括试验检测记录表（以下简称“记录表”）和试验检测报告（以下简称“报告”）。根据检测目的和报告内容的不同，报告可分为检测类报告（F）和综合评价类报告（H）两类。记录表应信息齐全、数据真实可靠、具有可追溯性，记录表由标题、基本信息、检测数据、附加声明、落款五部分组成。报告应结论准确、内容完整，检测类报告由标题、基本信息、检测对象属性、检测数据、附加声明、落款六部分组成；综合评价类报告由封面、扉页、目录、签字页、正文、附件六部分组成。记录表的信息应能再现试验全过程。报告的信息来自原始记录和委托单的信息，其信息不得超出原始记录和委托单提供的信息。

71. 【记录表】标题部分应由记录表名称、唯一性标识编码、检测单位名称、记录编号和页码组成。唯一性标识编码是用于管理记录表格式的编码，具有唯一性，与记录表名称同处一行，靠右对齐。记录表唯一性标识编码由 9 位或 10 位字母和数字组成，采用专业编码 + 领域编码 + 项目编码 + 参数编码 + 方法区分码的形式表示。基本信息部分包括工程名称、工程部位/用途、样品信息、试验检测日期、试验条件、检测依据、判定依据、主要仪器设备名称及编号。检验数据部分应包括原始观测数据、数据处理过程与方法、试验结果等。附加声明部分应包括对试验检测的依据、方法、条件等偏离情况的声明；其他见证方签认；其他需要补充说明的事项。落款部分应由检测、记录、复核、日期组成。试验及复核签字人应持有助理试验检测师以上证书，且签字的领域与所持证书的专业应对应。日期为记录表的复核时间，如 2019 年 06 月 01 日。

72.【检测类报告】标题部分应由报告名称、唯一性标识编码、检测单位名称、专用章、报告编号和页码组成。唯一性标识编码与报告名称同处一行，靠右对齐。由10位字母和数字组成，采用专业编码 + 领域编码 + 项目编码 + 格式区分码 + 类型识别码的形式表示。基本信息部分应包括施工/委托单位、工程名称、工程部位/用途、样品信息、检测依据、判定依据、主要仪器设备名称及编号信息。检验对象属性应包括基础资料、测试说明、制样情况、抽样情况等。附加声明部分可用于对试验检测的依据、方法、条件等偏离情况的声明；对报告使用方式和责任的声明；报告出具方联系信息；其他需要补充说明的事项。落款部分应由检测、审核、批准、日期组成。日期为报告的批准时间。试验检测报告的审核、签发人应具备试验检测师资格，应被授权。

【综合评价类报告】封面部分的内容宜包括唯一性标识编码、报告编号、报告名称、委托单位、工程（产品）名称、检测项目、检测类别、报告日期及检测单位名称。签字页部分应包含工程名称、项目负责人、项目参加人员、报告编写人、报告审核人和报告批准人。原始观测数据记录有手工记录、自动打印、自动采集、电子数据4种。扉页部分宜包含报告有效性规定、效力范围申明、使用要求、异议处理方式以及检测机构联系信息等。

【第三章】学员笔记　　「努力了才不会后悔!」

真题汇编

一、单选题（每题1分）

※※第一节　《公路水运工程质量检测管理办法》简介※※

1. 公路水运工程质量检测机构资质证书有效期为5年，检测机构应在有效期满（　　）前向许可机关提出资质延续申请。

A. 30个工作日　　B. 60个工作日

C. 90个工作日　　D. 15个工作日

【答案】C　解析：检测机构资质证书有效期为5年，有效期满拟继续从事质量检测业务的，检测机构应当提前90个工作日向许可机关提出资质延续申请。

2. 按照《公路水运工程质量检测管理办法》的有关规定，检测机构的名称、注册地址、检测场所地址、法定代表人、行政负责人、技术负责人和质量负责人等事项发生变更的，检测机构应当在完成变更后（　　）个工作日内向原许可机关申请变更。

A. 10　　B. 30

C. 60　　D. 90

【答案】A　解析：检测机构的名称、注册地址、检测场所地址、法定代表人、行政负责人、技术负责人和质量负责人等事项发生变更的，检测机构应当在完成变更后10个工作日内向原许可机关申请变更。

3. 依据《公路水运工程质量检测管理办法》，检测机构以欺骗、贿赂等不正当手段取得资质证书的，由许可机关予以撤销，检测机构（　　）内不得再次申请该资质。

A. 1年　　B. 2年

C. 3年　　D. 5年

【答案】C　解析：检测机构以欺骗、贿赂等不正当手段取得资质证书的，由许可机关予以撤销；检测机构3年内不得再次申请该资质，构成犯罪的，依法追究刑事责任。

4. 根据《公路水运工程质量检测管理办法》，检测机构需要终止经营的，应当在终止经营之日（　　）前告知许可机关，并办理注销手续。

A. 10日　　B. 15日

C. 20日　　D. 30日

【答案】B　解析：检测机构需要终止经营的，应当在终止经营之日15日前告知许可机关，并办理注销手续。

※※第二节　公路水运工程质量检测机构资质等级条件※※

1. 按照《公路水运工程质量检测机构资质等级条件》的要求，可选参数（非黑体）的申请数量应不低于本等级可选参数总量的（　　）。

A. 40%　　B. 50%

C. 60%　　D. 80%

【答案】C　解析：可选参数申请数量应不低于本等级可选参数总数量的 60%，可选参数申请介于总量的 60%～80% 时，技术评审时采取扣分制。

2. 下列关于《公路水运工程质量检测机构资质等级条件》中试验检测用房使用面积（不含办公面积）的规定正确的是（　　）。

A. 公路工程综合甲级不小于 1000m^2　　B. 公路工程综合乙级不小于 700m^2

C. 公路工程综合丙级不小于 300m^2　　D. 桥梁隧道工程专项不小于 800m^2

【答案】B　解析：试验检测用房使用面积（不含办公面积）对甲级、乙级、丙级分别为≥1300m^2、≥700m^2、≥400m^2；交通工程专项和桥梁隧道工程专项都是≥900m^2。

※※第三节　公路水运工程质量检测机构资质审批专家技术评审工作程序※※

1. 公路水运工程质量检测机构资质技术评审现场试验操作考核中，抽取的参数应不低于所申请等级的必选参数总量的（　　）。

A. 20%　　B. 30%

C. 15%　　D. 40%

【答案】C　解析：现场试验操作考核参数一般应采取随机抽取的方式确定，且应覆盖所申请资质等级能力范围的所有检测项目，并不低于必选参数总量的 15%，同时抽取相应的检测人员。

※※第四节　公路水运工程试验检测机构和人员信用评价※※

1. 公路水运工程试验检测机构及人员信用评价周期为（　　）。

A. 3 个月　　B. 6 个月

C. 1 年　　D. 2 年

【答案】C　解析：信用评价周期为 1 年，评价的时间段从 1 月 1 日至 12 月 31 日。

2. 质监机构在公布试验检测机构和试验检测人员信用评价结果前应对评价结果予以公示，公示时间为（　　）个工作日。

A. 3　　B. 5

C. 7　　D. 10

【答案】D　解析：信用评价结果公布前应予以公示，公示期为 10 个工作日，最终确定的信用评价结果自正式公布之日起 5 年内，向社会提供公开查询。

3. 根据《公路水运工程试验检测信用评价办法》（交安监发〔2018〕78 号）的规定，试验检测机构信用评分为 84 分，信用等级为（　　）。

A. AA，信用好　　B. A，信用较好

C. B，信用一般　　D. C，信用较差

【答案】C　解析：试验检测机构信用评价分为 AA、A、B、C、D 五个等级，对应的信用评分为 95 ~ 85 ~ 70 ~ 60（≥ <）。

4. 根据《公路水运工程试验检测信用评价办法》（交安监发〔2018〕78 号）的规定，质监机构用于复核评价的不良信用信息采集每年至少（　　）次。

A. 1　　B. 2

C. 3　　D. 4

【答案】A　解析：质监机构用于复核评价的不良信用信息采集每年至少 1 次且要覆盖到评价标准的所有项。

5. 依据《公路水运工程试验检测信用评价办法》（交安监发〔2018〕78 号）的规定，信用评价实行评价人员及评价机构负责人（　　）负责制，并接受上级部门及社会各界的监督。

A. 确认　　B. 报告

C. 签认　　D. 考核

【答案】C　解析：信用评价实行评价人员及评价机构负责人签认负责制，并接受上级部门及社会各界的监督。

6. 根据《公路水运工程试验检测信用评价办法》，在评价周期内，试验检测人员在不同项目和不同工作阶段发生的违规行为（　　）扣分。一个具体行为涉及两项以上违规行为的（　　）。

A. 累计，以扣分标准高者为准

B. 不重复，以扣分标准高者为准

C. 累计，分别扣分

D. 不重复，分别扣分

【答案】A　解析：在评价周期内，试验检测人员在不同项目和不同工作阶段发生的违规行为实行累计扣分，一个具体行为涉及两项以上违规行为的，以扣分标准高者为准。

※※第五节　公路水运工程工地实验室管理※※

1. 设立工地临时实验室的检测机构须（　　）。

A. 取得《资质等级证书》

B. 经计量行政部门考核合格

C. 同时取得《资质等级证书》和计量行政部门考核合格证书

D. 取得《资质等级证书》或经计量行政部门考核合格

【答案】A　解析：取得《资质等级证书》的检测机构，可设立工地实验室，承担相应公路水运工程的试验检测业务，并对其试验检测结果承担责任。

2. 工地实验室被授权试验检测项目或持证人员进行变更时，应当由（　　）。

A. 工地实验室报请建设单位同意

B. 工地实验室报经建设单位同意并向项目质监机构备案

C. 母体试验检测机构报请建设单位同意

D. 母体试验检测机构报经建设单位同意并向项目质监机构备案

【答案】D　解析：工地实验室被授权的试验检测项目及参数，或试验检测持证人员进行变更的，应当由母体试验检测机构报经建设单位同意后，向项目质监机构备案。

3. 依据公路水运工程工地实验室的有关管理规定，工地实验室授权负责人信用等级被评为信用很差的，（　　）不能担任工地实验室授权负责人。

A. 1 年内　　B. 2 年内

C. 3 年内　　D. 5 年内

【答案】D　解析：工地实验室授权负责人信用等级被评为信用较差的，2 年内不能担任工地实验室授权负责人。信用等级被评为信用很差的，5 年内不能担任工地实验室授权负责人。

4. 工地实验室应加强外委试验管理，超出母体检测机构授权范围的试验检测项目和参数应进行外委，外委试验应向（　　）报备。

A. 施工单位　　B. 监理单位

C. 项目建设单位　　D. 项目质监机构

【答案】C　解析：工地实验室应加强外委试验管理，超出母体检测机构授权范围的试验检测项目和参数应进行外委，外委试验应向项目建设单位报备。

5. 根据《进一步加强公路水运工程工地实验室管理工作的意见》（厅质监字〔2009〕183 号）的规定，工地实验室出具的试验检测报告应加盖（　　）。

A. 机构等级专用章　　B. 机构检验检测专用章

C. 检验检测机构资质认定标志　　D. 工地实验室印章

【答案】D　解析：工地实验室出具的试验检测报告应加盖工地实验室印章，印章包含的基本信息有：母体试验检测机构名称 + 建设项目标段名称 + 工地实验室。

※※第六节　公路水运工程试验检测人员继续教育※※

1. 依据《公路水运工程试验检测人员继续教育办法（试行）》的规定，关于公路水运工程试验检测人员继续教育周期的说法正确的是（　　）。

A. 周期为 2 年，从取得证书的次年起计算　　B. 周期为 3 年，从取得证书的当年起计算

C. 周期为 3 年，从取得证书的次年起计算　　D. 周期为 2 年，从取得证书的当年起计算

【答案】A　解析：公路水运工程试验检测继续教育周期为 2 年（从取得证书的次年起计算）。试验检测人员在每个周期内接受继续教育的时间累计不应少于 24 学时。

2. 依据《公路水运工程试验检测人员继续教育办法（试行）》的规定，试验检测人员在每个周期内接受继续教育的时间累计不应少于（　　）学时。

A. 16　　B. 24

C. 36　　D. 48

【答案】B　解析：公路水运工程试验检测继续教育周期为 2 年（从取得证书的次年起计算）。试验检测人员在每个周期内接受继续教育的时间累计不应少于 24 学时。

3. 承担公路水运工程试验检测专业技术人员继续教育的机构应有不少于（　　）名师资人员。

A. 5　　B. 8

C. 10　　D. 15

【答案】C　解析：承担继续教育的机构应有不少于 10 名的师资人员。

※※第八节　试验检测记录与报告管理要求※※

1. 试验检测报告应当由（　　）审核、签发。

A. 技术负责人　　B. 质量负责人

C. 试验检测师　　D. 最高管理者

【答案】C　解析：试验检测报告应当由试验检测师审核、签发。

2. 检验检测机构应当对检验检测原始记录和报告归档留存，保证其具有可追溯性，原始记录和报告的保存期限不少于（　　）年。

A. 3　　B. 4　　C. 5　　D. 6

【答案】D　解析：检验检测机构应当对检验检测原始记录、报告、证书归档留存，保证其具有可追溯性。检验检测原始记录、报告、证书的保存期限不少于 6 年。

3. 根据《公路水运工程试验检测数据报告编制导则》（JT/T 828—2019）的规定，检测类报告的落款由（　　）组成。

A. 检测、复核、日期　　B. 检测、批准、日期

C. 检测、编制、审核、批准、日期　　D. 检测、审核、批准、日期

【答案】D　解析：检测类报告的落款部分应由检测、审核、批准、日期组成。

4. 根据《公路水运试验检测数据报告编制导则》（JT/T 828—2019）的规定，原始记录中的检测数据组成应包括（　　）等内容。

A. 样品信息、原始观测数据、试验结果

B. 原始观测数据、推导过程、数据修约

C. 原始观测数据、数据修约、计量单位

D. 原始观测数据、数据处理过程与方法、试验结果

【答案】D　解析：检测数据部分应包括原始观测数据、数据处理过程与方法，以及试验结果等内容。

5. 检验检测原始记录是指（　　）。

A. 经整理计算出的测量结果的记录

B. 记在草稿纸上，再整理抄写后的记录

C. 先记在草稿纸上，然后输入到计算机中保存的记录

D. 检验检测时的测量数据及有关信息的记录

【答案】D　解析：技术记录是将被测对象按照规范标准要求进行试验检测后所产生的数据和信息。

6. 根据《公路水运试验检测数据报告编制导则》（JT/T 828—2019），在记录表中对使用方法的偏离情

况应体现在（　　）中。

A. 基本信息　　B. 检测数据

C. 附加声明　　D. 落款

【答案】C　解析：附加声明部分应包括：对试验检测的依据、方法、条件等偏离情况的声明；其他见证方签认；其他需要补充说明的事项。

7. 根据《公路水运试验检测数据报告编制导则》（JT/T 828—2019），试验检测记录表可编入综合评价类报告的（　　）。

A. 签字页部分　　B. 正文部分

C. 扉页部分　　D. 附件部分

【答案】D　解析：当有必要使用检测过程中采集的试验数据、照片等资料及试验检测记录表，对检测结论进行支撑和证明时，可将该类资料编入附件部分。

8. 根据《公路水运试验检测数据报告编制导则》（JT/T 828—2019），综合评价类报告的"异议处理方式"体现在（　　）部分。

A. 扉页　　B. 正文　　C. 附加声明　　D. 意见和解释

【答案】A　解析：扉页部分宜包含报告有效性规定、效力范围申明、使用要求、异议处理方式以及检测机构联系信息等。

二、判断题（每题 1 分）

※※第一节　《公路水运工程质量检测管理办法》简介※※

1. 取得《资质证书》的检测机构，业务较多时，可将检测业务转包有《资质证书》的单位。（　　）

【答案】错　解析：检测机构依据合同承担公路水运工程质量检测业务，不得转包、违规分包。

2. 检测人员可以同时受聘于两家（及以上）质量检测机构。（　　）

【答案】错　解析：检测人员不得同时在两家或者两家以上检测机构从事检测活动，不得借工作之便推销建设材料、构配件和设备。

3. 取得《公路水运工程质量检测机构资质证书》的检测机构在同一公路水运项目中可同时接受建设、监理、施工等多方的质量检测委托。（　　）

【答案】错　解析：检测机构在同一公路水运工程项目标段中不得同时接受建设、监理、施工等多方的质量检测委托。

4. 申请人可以同时申请不同专业、不同等级的检测机构资质。（　　）

【答案】对　解析：申请人可以同时申请不同专业、不同等级的检测机构资质。

5. 公路水运工程质量检测管理办法中的水运工程专业分为材料类和结构类，分别设甲、乙、丙三个等级。（　　）

【答案】错　解析：水运工程结构类只有甲级、乙级两个等级，见表3-1。

表3-1　公路水运工程质量检测机构资质分类及许可分工

专业	类别	等级	许可
公路工程		甲级	交通运输部
		乙级	省级
		丙级	
		交通工程	交通运输部
		桥梁隧道工程	省级
水运工程	材料类	甲级	交通运输部
		乙级	省级
		丙级	
	结构（地基）类	甲级	交通运输部
		乙级	省级

※※第三节　公路水运工程质量检测机构资质审批专家技术评审工作程序※※

1. 不同资质可共用检测用房、仪器设备，但检测用房须满足不同资质要求。（　　）

【答案】对　解析：不同资质可共用检测用房、仪器设备，但检测用房须满足不同资质要求。

※※第四节　公路水运工程试验检测机构和人员信用评价※※

1. 连续2年被评为信用较差的人员，信用等级直接按差发布，并列入黑名单。（　　）

【答案】对　解析：连续2年被评为信用较差的人员，信用等级直接按差发布，并列入黑名单。伪造证书信用评为差，列入黑名单。

2. 按照《公路水运工程试验检测信用评价办法》的有关规定，试验检测机构的信用等级分为优、良、中、次、差五个等级。（　　）

【答案】错　解析：试验检测机构信用评价分为AA、A、B、C、D五个等级。

3. 所有参与公路水运工程试验检测工作的人员和机构均须参加公路水运工程试验检测信用评价。（　　）

【答案】错　解析：评价对象是持有公路水运工程试验检测师或助理试验检测师资格证书的试验检测从业人员；取得公路水运工程试验检测等级证书的机构。

※※第五节　公路水运工程工地实验室管理※※

1. 工地实验室的授权负责人必须是母体机构委派的正式聘用人员且持有试验检测工程师证书。（　　）

【答案】对　解析：工地实验室实行授权负责人责任制。工地实验室授权负责人对工地实验室运行管理工作和试验检测活动全面负责，授权负责人必须是母体试验检测机构委派的正式聘用人员，且须持有试验检测工程师证书。

2. 工地实验室持证人员均为母体实验室正式聘用人员，因此，工地实验室授权负责人对违规人员无权辞退。（　　）

【答案】错　解析：工地实验室实行授权负责人责任制，授权负责人必须是母体试验检测机构委派的正式聘用人员，且须持有试验检测师证书，对违规人员有权辞退。

3. 公路水运工程工地试验室应在母体检测机构授权的范围内，为工程建设项目提供试验检测数据，可对外承揽试验检测业务。（　　）

【答案】错　解析：工地实验室不得对外承揽试验检测业务。

※※第八节　试验检测记录与报告管理要求※※

1. 为确保检验检测数据和结果的安全性、有效性和完整性，不得采用电话、传真或电子邮件传送检验检测结果。（　　）

【答案】错　解析：当用电话、传真或其他电子或电磁方式传送检验检测结果时，应满足本准则对数据控制的要求。

2. 检验检测机构应采取有效手段标识和保证检测报告、证书的真实性。经技术负责人批准，报告审核人员可以修改检测的数据和结果。（　　）

【答案】错　解析：原始记录如确需改动，应杠改，改动前信息清晰可辨；但检测的数据和结果是不能修改的。

3. 报告是检验检测机构的最终产品，其信息必须完整，因此委托单和原始记录中无法填写的信息必须在报告中体现。（　　）

【答案】错　解析：报告是试验检测产生的最终产品，所涵盖的信息必须完整。报告的信息来源于委托单或委托合同及原始记录，应具有可追溯性。因此报告信息不得超出委托单和原始记录的信息。

4. 公路水运工程试验检测原始记录编号应严格按照《公路水运试验检测数据报告编制导则》（JT/T 828—2019）的编号规则进行编号，各单位不得自行编制。（　　）

【答案】错　解析：原始记录编号可以根据编制导则，自行编制。

三、多选题（每题2分，下列各题均有2个或2个以上备选答案符合题意，有错误选项不得分，选项正确但不完全的每个选项得0.5分，完全正确的得满分。）

※※第一节　《公路水运工程质量检测管理办法》简介※※

1. 应当向注册地的省级人民政府交通运输主管部门提交资质申请的机构等级包括（　　）。

A. 公路工程乙级　　B. 公路工程丙级

C. 水运工程材料类乙级　　D. 水运工程结构类丙级

E. 桥梁隧道工程专项

【答案】ABCE　解析：申请公路工程乙级和丙级、桥梁隧道工程专项、水运工程材料类乙级和丙级、结构类乙级检测机构资质的，应当向注册地的省级人民政府交通运输主管部门提交申请。见表3-1。

2. 根据《公路水运工程质量检测管理办法》的要求，检测机构的（　　　）信息发生变更时，应当在完成变更后10个工作日内向原许可机关申请变更。

A. 检测机构名称　　B. 法定代表人

C. 授权签字人　　D. 技术负责人

【答案】ABD　解析：检测机构的名称、注册地址、检测场所地址、法定代表人、行政负责人、技术负责人和质量负责人等事项发生变更的，检测机构应当在完成变更后10个工作日内向原许可机关申请变更。

3. 公路水运工程质量检测活动应当遵循（　　　）的原则。

A. 科学　　B. 客观

C. 严谨　　D. 公正

【答案】ABCD　解析：公路水运工程质量检测活动应当遵循科学、客观、严谨、公正的原则。

4. 根据《公路水运工程质量检测管理办法》的规定，交通运输主管部门实施监督检查时，有权采取以下措施（　　　）。

A. 录音和录像与检查相关的事项　　B. 复制相关资料

C. 进入检测机构的工作场地抽查　　D. 查封涉嫌数据造假的试验机构

【答案】ABC　解析：交通运输主管部门实施监督检查时，有权采取以下措施：要求被检查的检测机构或者有关单位提供相关文件和资料；查阅、记录、录音、录像、照相和复制与检查相关的事项和资料；进入检测机构的检测工作场地进行抽查；发现有不符合的质量检测行为，责令立即改正或者限期整改。

5. 公路水运工程的质量检测对象包括（　　　）。

A. 工程所用材料　　B. 工程构件

C. 工程制品　　D. 工程实体

【答案】ABCD　解析：公路水运工程质量检测：指取得公路水运工程质量检测机构资质的公路水运工程质量检测机构，根据国家有关法律、法规的规定，依据相关技术标准、规范、规程，对公路水运工程所用材料、构件、工程制品、工程实体等进行的质量检测活动。

※※第二节　公路水运工程质量检测机构资质等级条件※※

1. 公路水运工程质量检测机构资质申请中，试验检测用房面积不包括（　　　）。

A. 混凝土养护室　　B. 档案资料室

C. 未封闭的检测车停放区　　D. 检测机构用于模拟演练的试验区域

【答案】CD　解析：试验检测用房面积包括各检测室、养护室、委托、留样、档案存放、用于放置车载式仪器设备的室内场地等面积，不包括检测机构用于办公的场地面积，如办公室、会议室。

2. 以下说法中，符合公路水运工程质量检测机构资质申请要求的有（　　　）。

A. 可选参数申请数量应不低于所申请等级参数总数量的60%

B. 用于证明检测能力的仪器设备应当具有完全的使用权，可以自购和租赁

C. 用于试验检测工作的仪器设备应当按规定检定或校准

D. 应具有试验检测用房的产权，或者具有长期（不小于5年）使用权

【答案】CD　解析：A的正确说法是可选参数申请数量应不低于本等级可选参数总数量的60%。B的正确说法是用于证明检测能力的仪器设备应同时具有其所有权和使用权，不能租赁。

※※第三节　公路水运工程质量检测机构资质审批专家技术评审工作程序※※

1. 专家组经报告许可机关同意后可终止技术评审工作的情况有：（　　）。

A. 人员、场所、仪器设备等强制性指标要求的实际情况低于资质等级条件要求

B. 所申请可选参数不具备检测能力

C. 质量保证体系失控，相关记录缺失或失实

D. 有意干扰技术评审工作，技术评审工作不能正常进行

【答案】ACD　解析：发生下列任何情况之一，专家组经报告许可机关同意后可终止技术评审工作：

（1）实际状况与申请材料严重不符，包括人员、场所、仪器设备等强制性指标要求的实际情况低于资质等级条件要求；

（2）检测实际能力不能满足基本要求；

（3）质量保证体系失控，相关记录缺失或失实；

（4）有意干扰技术评审工作，技术评审工作不能正常进行；

（5）存在伪造质量检测报告、出具虚假数据等弄虚作假行为；

（6）存在被考核人员冒名顶替、借（租）用质量检测仪器设备等情况；

（7）存在其他严重的违法违规问题。

2. 在公路水运工程质量检测机构资质延续审批现场评审时，应将（　　）纳入随机抽取考核范围。

A. 难度较大的参数

B. 资质证书有效期内未开展的参数

C. 标准规范发生变更的参数

D. 比对试验结果存在问题的参数

【答案】ABCD　解析：延续审批需现场评审时，应将难度较大、资质证书有效期内未开展或开展频率低、标准规范发生变更、比对试验结果存在问题的检测参数等纳入随机抽取考核范围。

※※第四节　公路水运工程试验检测机构和人员信用评价※※

1. 公路水运工程试验检测信用评价应遵循（　　）的原则。

A. 公开　　B. 客观

C. 公正　　D. 科学

【答案】ABCD　解析：公路水运工程试验检测信用评价应遵循公开、客观、公正、科学的原则。

2. 试验检测机构信用评价直接确定为D级的失信行为是（　　）。

A. 借用试验检测等级证书承揽试验检测业务的

B. 存在虚假数据报告及其他虚假资料

C. 以弄虚作假或其他违法形式骗取等级证书或承接业务的

D. 聘用信用很差或无证试验检测人员从事试验检测工作的

【答案】AC　解析：试验检测机构信用评价直接确定为D级的5种失信行为包括：

（1）租借试验检测等级证书承揽试验检测业务的；

（2）以弄虚作假或其他违法形式骗取等级证书或承接业务的，伪造、涂改、转让等级证书的；

（3）出具虚假数据报告并造成质量安全事故或质量标准降低的；

（4）所设立的工地实验室及现场检测项目总得分为0分的；

（5）存在严重失信行为，作为责任单位被部、省级交通运输及以上有关部门行政处罚的。

3. 依据《公路水运工程试验检测信用评价方法》，试验检测人员信用评价中发现存在（　　）情况，其信用等级评为信用差。

A. 扣分分值大于等于40分的

B. 连续2年信用等级被评为信用较差的

C. 出具虚假数据报告造成质量标准降低的

D. 在试验检测工作中有吃拿卡要行为的

【答案】ABC　解析：评价周期内累计扣分分值大于等于20分，小于40分的试验检测人员信用等级为信用较差；扣分分值大于等于40分的试验检测人员信用等级为信用差。连续2年信用等级被评为信用较差的试验检测人员，其当年信用等级为信用差。被确定为信用差的试验检测人员列入黑名单。其中试验检测人员扣40分的情况有有关试验检测工作被司法部门认定构成犯罪的、出具虚假数据报告造成质量安全事故或质量标准降低的、授权检测工地人员资料虚假、出借试验检测人员资格证书的。都直接评为信用差。

4. 以下属于公路水运工程试验检测人员信用评价失信行为的有（　　）。

A. 出具虚假数据报告

B. 出借试验检测人员资格证书

C. 未按规定上报发现的试验检测不合格事项以及不合格报告

D. 同时受聘于两个以上试验检测机构

【答案】ABCD　解析：四个选项都是试验检测人员信用评价中的失信行为。

5. 在一个信用评价周期内，对公路水运工程试验检测人员信用评价标准的描述正确的有（　　）。

A. 扣分值大于20分，小于40分的为信用较差

B. 扣分大于等于40分的为信用差

C. 连续两年被评为信用较差的当年评为信用差

D. 确定为信用差的试验检测人员列入黑名单

【答案】BCD　解析：评价周期内：20分≤人员累计扣分分值<40分为信用较差；人员累计扣分分值≥40分为信用差。连续2年信用等级被评为信用较差的试验检测人员，其当年信用等级为信用差，被确定为信用差的试验检测人员列入黑名单。

6. 依据《公路水运工程试验检测信用评价办法》的规定，公路水运工程试验检测机构的信用评价实行综合评分制，由（　　）的信用评价得分计算信用评价综合得分。

A. 工地实验室　　B. 试验检测机构母体

C. 单独签订合同承担的现场检测项目　　D. 咨询科研类项目

【答案】ABC　解析：试验检测机构的信用评价实行综合评分制。试验检测机构设立的公路水运工程工地实验室（以下简称工地实验室）及单独签订合同承担的工程试验检测及监测等现场试验检测项目（以下简称现场检测项目）的信用评价，作为其信用评价的组成部分。

※※第五节　公路水运工程工地实验室管理※※

1. 根据《工地实验室标准化建设要点》（厅质监字〔2012〕200 号）的规定，以下说法正确的有（　　）。

A. 同一合同段内施工，监理单位的工地实验室不得由同一家母体检测机构授权设立

B. 上年度信用评价等级在 B 级及以下的检测机构不宜作为授权设立工地实验室的母体检测机构

C. 工地实验室须按规定到项目质监机构登记备案后，方可开展试验检测工作

D. 工地实验室应按合同段单独设立，工程规模过大时应设立分实验室

【答案】ACD　解析：工地实验室应按合同段单独设立，工程规模过大时应设立分实验室。同一合同段内施工、监理单位的工地实验室不得由同一家母体检验机构授权设立。母体检验机构应在其等级证书核定的业务范围内对工地实验室进行授权，上年度信用评价等级在 C 级及以下的检测机构不宜作为授权设立工地实验室的母体检测机构。工地实验室按照规定到项目质监机构登记备案后，方可开展试验检测工作。

※※第八节　试验检测记录与报告管理要求※※

1. 依据《实验室资质认定评审准则》的规定，检验报告应包含（　　）的信息。

A. 检验检测机构的名称和地址　　B. 报告的唯一性标识

C. 所用的标准或方法　　D. 检测结果

E. 主管部门

【答案】ABCD　解析：检验检测报告或证书应至少包括下列信息：标题；标注资质认定标志，加盖检验检测专用章（适用时）；检验检测机构的名称和地址，检验检测的地点；检验检测报告或证书的唯一性标识和每一页上的标识；客户的名称和联系信息；所用检验检测方法的识别；检验检测样品的描述、状态和标识；检验检测的日期；检验检测报告或证书签发人的姓名、签字或等效的标识和签发日期；检验检测结果的测量单位（适用时）；检验检测结果来自外部提供者时的清晰标注；检验检测机构应提出未经检验检测机构书面批准，不得复制检验检测报告或证书的声明。

2. 根据《公路水运试验检测数据报告编制导则》（JT/T828—2019）的规定，公路水运工程试验检测的记录表应符合以下基本要求（　　）。

A. 信息齐全　　B. 数据真实可靠

C. 不可涂改　　D. 具有可追溯性

【答案】ABD　解析：记录表应信息齐全、数据真实可靠、具有可追溯性。

3. 按照《检验检测机构资质认定管理办法》的有关规定，用于行政机关做出决定的数据结果报告应加盖（　　）。

A. 资质认定标志章　　B. 法定代表人签名章

C. 检验检测专用章　　D. CNAS 标志章

【答案】AC　解析：通过资质认定的机构其出具的检验检测报告或证书应当按照要求加盖资质认定标志 CMA 和检验检测专用章。

4. 下列关于检验检测报告更正或增补的说法正确的是（　　）。

A. 应当按规定的程序执行，并详细记录更正或增补的内容

B. 应当重新编制新的更正或增补后的检验检测报告，并确保其唯一性标识与原报告一致

C. 若原检验检测报告不能收回时，应当声明原检验检测报告作废

D. 若原检验检测报告可能导致潜在其他方利益受到影响时，通过公开渠道声明原检验检测报告作废后，可不承担相应责任

【答案】AC　解析：当需要对已发出的结果报告作更正或增补时，应按规定的程序执行，详细记录更正或增补的内容，重新编制新的更正或增补后的检验检测报告或证书，并注以区别于原检验检测报告或证书的唯一性标识。若原报告或证书不能收回，则应在发出新的更正或增补后的检验检测报告或证书的同时，声明原检验检测报告或证书作废。原检验检测报告或证书可能导致潜在其他方利益受到影响或者损失的，检验检测机构应通过公开渠道声明原检验检测报告或证书作废，并承担相应责任。

5. 下列有关试验检测记录和报告的描述正确的有（　　）。

A. 检验检测机构的记录应予安全保护和保密，不得借阅

B. 记录可以改动，但应有改动人的签名

C. 记录是报告内容的信息来源

D. 观察结果、数据应在产生当时予以记录

【答案】ABCD　解析：所有记录应予安全保护和保密。对记录的所有改动应有更改人的签名或签名缩写。报告的信息来源于委托单或委托合同及原始记录，应具有可追溯性。观察结果、数据应在产生时予以记录，不允许补记、追记、重抄。

6. 依据《公路水运试验检测数据报告编制导则》（JT/T 828—2019）的规定，下列属于记录表的唯一性标识编码组成部分的有（　　）。

A. 专业编码　　B. 领域编码

C. 等级证书编号　　D. 项目编码

【答案】ABD　解析：记录表的唯一性标识编码由 9 位或 10 位字母和数字组成，采用专业编码 + 领域编码 + 项目编码 + 参数编码 + 方法区分码的形式表示。

7. 依据《检验检测机构资质认定管理办法》，说法正确的有（　　）。

A. 出具检验检测数据结果时，应注明依据

B. 检验检测机构可以非商业目的出借资质认定证书

C. 原始记录和报告的保存期限不少于 5 年

D. 非授权签字人不得签发检验检测报告

【答案】AD　解析：B 答案正确说法是检验检测机构不得出借资质认定证书。C 答案正确说法是检验检测原始记录、报告、证书的保存期限不少于 6 年。

8. 根据《公路水运试验检测数据报告编制导则》（JT/T 828—2019），以仪器设备自动采集产生的大量电子数据作为原始观测数据，适宜的保存方式有（　　）。

A. 当场记录到原始记录表中　　B. 事后誊抄到原始记录表中

C. 打印签字后粘贴于记录表中　　D. 保存电子档

【答案】ACD　解析：不得将原始记录先记录在笔记本上然后转抄到格式化的原始记录上。

9. 根据《公路水运试验检测数据报告编制导则》（JT/T 828—2019），记录表应由（　　）等部分组成。

A. 标题、基本信息　　B. 检测对象属性

C. 检测数据　　D. 附加声明

【答案】ACD　解析：记录表由标题、基本信息、检测数据、附加声明、落款五部分组成。

第四章　公路水运工程试验检测人员考试管理

速记宝典

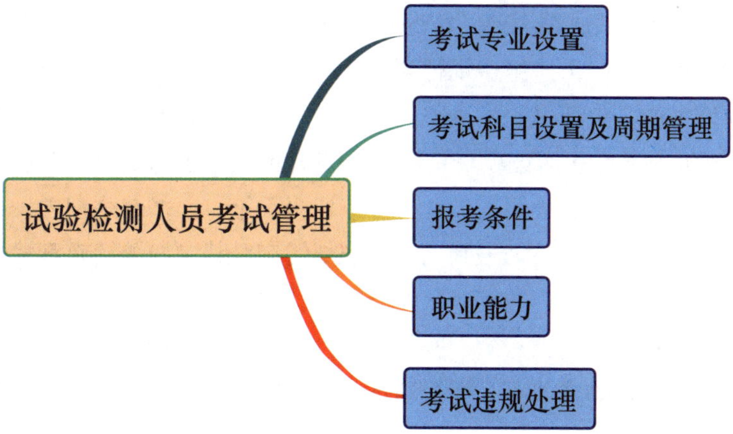

73. 试验检测考试已由注册准入类改成水平评价类职业资格考试，实行考试的评价方式。考试的专业包括道路工程、桥梁隧道工程、交通工程、水运结构与地基、水运材料 5 个专业，分为助理试验检测师和试验检测师 2 个级别。均设公共基础科目和专业科目，公共基础科目考试时间 120 分钟，总分 120 分；专业科目考试时间 150 分钟，总分 150 分。考试成绩均实行 2 年为一个周期的滚动管理。持有原试验检测工程师证书的人员免考公共基础科目。原试验检测工程师证书效用等同于试验检测师证书，原试验检测员证书效用等同于助理试验检测师证书。当多项专业对应一项证书专业时，持多项专业中的单项专业证书的，在等级评定或换证复核中等同于相应资格证书专业。

74. 报考助理试验检测师条件：中专或高中学历累计工作满 4 年；大专学历累计工作满 2 年；工学、理学、管理学本科及以上学历当年；其他学科门类本科学历工作满 1 年。报考试验检测师条件：中专或高中学历为取得助理试验检测师证书后满 6 年；大专学历累计工作满 6 年；本科学历累计工作满 4 年；双学士学位或研究生毕业累计工作满 2 年；硕士学位累计工作满 1 年；博士学位当年；其他学科门类累计工作年限相应增加 1 年。

75. 助理试验检测师应当具备的职业能力：了解行业管理的法律法规和规章制度，熟悉试验管理的规定和实验室管理体系知识；熟悉主要的工程技术标准、规范、规程；掌握所从事试验检测专业方向的试验检测方法和结果判定标准，较好识别和解决试验检测专业工作中的常见问题；独立完成常规性试验检测工作；编制试验检测报告。

试验检测师应当具备的职业能力：熟悉行业管理的法律法规、规章制度，工程技术标准、规范和规程；掌握试验检测原理；掌握实验室管理体系知识和所从事试验检测专业方向的试验检测方法和结果判定标准；有较强的试验检测专业能力，独立完成较复杂的试验检测工作和解决突发问题；熟练编制试验检测方案、组织实施试验检测活动、进行试验检测数据分析、编制和审核试验检测报告；指导本专业助理试验检测师工作。

76. 当次该科目考试成绩无效的情况有一般违纪违规行为 9 种，当次全部科目考试成绩无效的情况也是有严重违纪违规行为 9 种，对提供虚假证明材料或者以其他不正当手段取得相应证书的，由证书签发机关宣布证书无效，收回证书。对其中涉及职业准入资格的人员，3 年内不得参加该项资格考试。代替他人参加考试的，2 年内不得参加各类专业技术人员资格考试。检测人员证书有效期为 5 年。证书有效期内，检测人员应按规定参加继续教育。检测人员证书到期，发证部门应对其参加继续教育情况、业绩及信用记录进行核查，核查不合格的责令限期整改，整改期间检测人员不得从事试验检测业务。职业资格证书在全国范围有效，实行登记制度，原试验检测工程师、试验检测员证书的效用不变，新旧证书之间不存在换新证、互相增项。资质证书在全国范围有效，实行登记制度。

【第四章】学员笔记　　「大家说好才是真的好！」

真题汇编

一、单选题（每题1分）

※※第三节　试验检测人员职业资格考试管理※※

1. 关于公路水运工程试验检测专业技术人员职业资格的描述，错误的是（　　）。

A. 分为助理试验检测师和试验检测师2个级别

B. 助理试验检测师和试验检测师职业资格实行考试的评价方式

C. 通过助理试验检测师和试验检测师职业资格考试，表明其已具备从事公路水运工程试验检测专业和相应级别的技术岗位工作的能力

D. 公路水运工程试验检测职业资格证书实行注册制度

【答案】D　解析：D答案正确说法是公路水运工程试验检测职业资格证书实行登记制度。

二、判断题（每题1分）

※※第二节　试验检测人员职业资格考试专业及科目设置※※

1. 公路工程试验检测专业技术人员职业资格包括道路工程、桥梁隧道工程2个专业，水运工程试验检测专业技术人员职业资格包括水运结构与地基、水运材料2个专业。（　　）

【答案】错　解析：公路工程试验检测专业技术人员职业资格包括道路工程、桥梁隧道工程、交通工程3个专业，水运工程试验检测专业技术人员职业资格包括水运结构与地基、水运材料2个专业。

2. 在公路水运工程质量检测机构资质审批或延续审批中，进行持证专业人员统计时，持原桥梁工程试验检测工程师证书的等同于持桥梁隧道工程试验检测师证书。（　　）

【答案】对　解析：当多项专业对应一项国家职业资格证书专业时，持多项专业中的单项专业证书的，在等级评定或换证复核中等同于相应国家职业资格证书专业。

※※第三节　试验检测人员职业资格考试管理※※

1. 根据《专业技术人员资格考试违纪违规行为处理规定》，让他人代替参加考试的，2年内不得参加各类专业技术人员资格考试。（　　）

【答案】对　解析：让他人冒名顶替参加考试的，当次全部科目考试成绩无效，2年内不得参加各类专业技术人员资格考试。

三、多选题（每题2分，下列各题均有2个或2个以上备选答案符合题意，有错误选项不得分，选项正确但不完全的每个选项得0.5分，完全正确的得满分。）

※※第三节　试验检测人员职业资格考试管理※※

1. 取得公路水运工程助理试验检测师职业资格证书的人员，应当具备以下职业能力（　　）。

A. 熟悉公路水运工程试验检测管理规定

B. 熟练编制试验检测方案、组织实施试验检测活动

C. 独立完成常规性公路水运工程试验检测工作

D. 编制试验检测报告

【答案】ACD　解析：取得公路水运工程助理试验检测师职业资格证书的人员，应当具备的职业能力有：(1) 了解公路水运工程行业管理的法律法规和规章制度，熟悉公路水运工程试验检测管理的规定和实验室管理体系知识；(2) 熟悉主要的工程技术标准、规范、规程；掌握所从事试验检测专业方向的试验检测方法和结果判定标准，较好识别和解决试验检测专业工作中的常见问题；(3) 独立完成常规性公路水运工程试验检测工作；(4) 编制试验检测报告。

第五章　检验检测机构资质认定管理

速记宝典

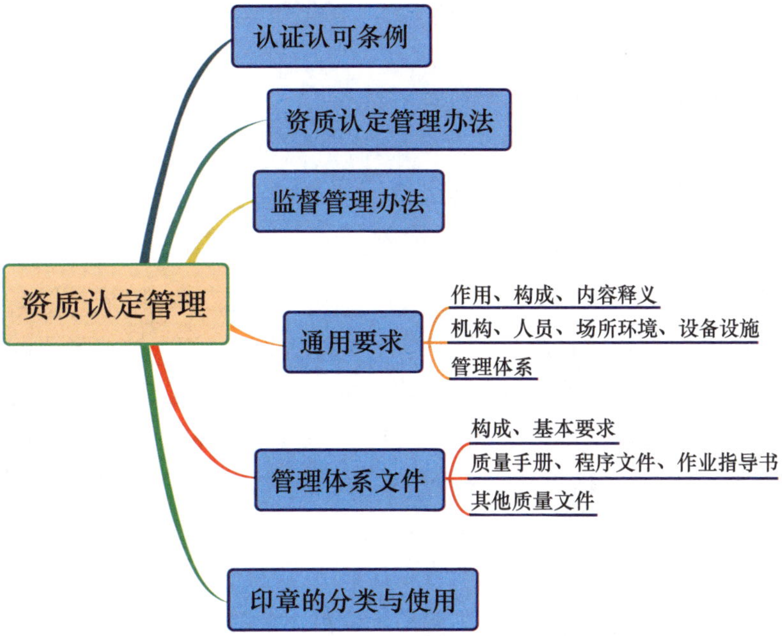

【认证认可条例】

77. 国家实行统一的认证认可监督管理制度，认证认可活动应当遵循客观独立、公开公正、诚实信用的原则。国务院认证认可监督管理部门自受理认证机构设立申请之日起 90 日内，应当作出是否批准的决定。认证人员应当在一个认证机构执业，不得同时在两个以上认证机构执业。指定的认证机构不得向其他机构转让指定的认证业务。国家对必须经过认证的产品，统一产品目录；统一技术规范的强制性要求、标准和合格评定程序；统一标志；统一收费标准。指定的认证机构、实验室应至少指定两家，按照资源合理利用、公平竞争和便利、有效的原则作出决定。列入目录产品的生产者或者销售者、进口商，均可自行委托指定的认证机构进行认证。

78. 认可机构应当公开认可条件、认可程序、收费标准等信息。认可证书应当包括认可范围、认可标准、认可领域和有效期限。认证人员自被撤销执业资格之日起5年内，认可机构不再受理其注册申请。认可机构委托他人完成与认可有关的具体评审业务的，由认可机构对评审结论负责。未经批准擅自从事认证活动的，予以取缔，处10万元以上50万元以下的罚款，有违法所得的，没收违法所得。

【资质认定管理办法】

79. 资质认定形式分为计量认证和审查认可。在我国境内从事向社会出具有证明作用的数据、结果的检验检测活动以及对检验检测机构实施资质认定和监督管理，应当遵守《检验检测机构资质认定管理办法》。

资质认定是指省级以上质量技术监督部门依据有关法律法规和标准、技术规范的规定，对检验检测机构的基本条件和技术能力是否符合法定要求实施的评价许可。资质认定包括检验检测机构计量认证、食品检验机构资质认定、医疗器械检验机构资质认定。计量认证是资质认定形式之一。

80. 资质认定的准入条件包括机构、人员、场所环境、设备设施、管理体系。资质认定部门应当自受理申请之日起30个工作日内，完成对申请人的技术评审。技术评审包括书面审查和现场评审。评审组在技术评审中发现有不符合要求的，应当书面通知申请人限期整改，整改期限不得超过30个工作日。资质认定部门应当自收到技术评审结论之日起10个工作日内，做出是否准予许可的书面决定。准予许可的，自做出决定之日起7个工作日内，向申请人颁发资质认定证书。资质认定证书有效期为6年，需要延续资质认定证书有效期的，应当在其有效期届满3个月前提出申请。资质认定证书内容包括发证机关、获证机构名称和地址、检验检测能力范围、有效期限、证书编号、资质认定标志。资质认定部门根据检验检测机构的申请事项、信用信息、分类监管等情况，采取书面审查、现场评审（或者远程评审）的方式进行技术评审，并作出是否准予延续的决定。

81. 鼓励检验检测机构通过自我声明，对有关质量体系的有效运行、技术能力的变更、分支机构的设立和运行等进行自我承诺，资质认定部门可以先期信任此类承诺，减少或者不进行现场评审。

资质认定部门应当依法办理注销手续的情形有资质认定证书有效期届满，未申请延续或者依法不予延续批准的；检验检测机构依法终止的；检验检测机构申请注销资质认定证书的；法律法规规定应当注销的其他情形。

资质认定部门应当撤销其资质认定证书的情形有未经检验检测或者篡改数据、结果等方式，出具虚假检验检测数据、结果的；整改期间擅自对外出具检验检测数据、结果的，或者逾期未改正、改正后仍不符合要求的；以欺骗、贿赂等不正当手段取得资质认定的；依法应当撤销资质认定证书的其他情形。

检验检测机构应当向资质认定部门申请办理变更手续的情形有机构名称、地址、法人性质发生变更的；法定代表人、最高管理者、技术负责人、检验检测报告授权签字人发生变更的；资质认定检验检测项目取消的；检验检测标准或者检验检测方法发生变更的；依法需要办理变更的其他事项。

82. 检验检测机构不得转让、出租、出借资质认定证书和标志，不得伪造、变造、冒用、租借资质认定证书和标志；不得使用已失效、撤销、注销的资质认定证书和标志。检验检测机构接受委托送检的，其检验检测数据、结果仅证明样品所检验检测项目的符合性情况。检验检测机构应当对其检验检测结果承担法律责任。检验检测机构应当在资质认定的能力范围内开展检验检测工作，不含检验检测方法的各类产品标准、限值标准可不列入检验检测机构资质认定的能力范围，但在出具检验检测报告或者证书时可作为判定依据使用。检验检测机构未依法取得资质认定，擅自向社会出具具有证明作用数据、结果的，由县级以上质量技术监督部门责令改正，处3万元罚款。检验检测机构在整改期间不得向社会出具具有证明作用的检验检测数据、结果。资质认定部门将检验检测机构分为A、B、C、D四个类别，所有检验检测机构起始默认类别为B类。A类为信任，一般3年检查一次；B类为鼓励，一般每2年检查一次；C类为鞭策，一般每1年检查一次；D类为整顿，每年检查不少于2次。

83. 检验检测机构资质认定工作应当遵循统一规范、客观公正、科学准确、公平公开、便利高效的原则。申请资质认定的检验检测机构应当提交书面申请和相关材料，并对其真实性负责。资质认定部门应当对申请人提交的书面申请和相关材料进行初审，自收到之日起5个工作日内作出受理或不予受理的决定，并书面告知申请人。资质认定部门组织现场技术评审时，应当指派两名以上评审员组成评审组，并确定评审组组长。专业技术评价机构、评审组应当对其承担的技术评审活动和技术评审结论的真实性、符合性负责，并承担相应法律责任。资质认定部门应当对技术评审活动进行监督，建立责任追究机制。被撤销资质认定证书的检验检测机构，3年内不得再次申请资质认定。检验检测机构申请资质认定时提供虚假材料或者隐瞒有关情况的，资质认定部门不予受理或不予许可，检验检测机构在1年内不得再次申请资质认定。从事资质认定和监督管理的人员，在工作中滥用职权、玩忽职守、徇私舞弊的，依法予以处理；构成犯罪的，依法追究刑事责任。

84. 法律、法规未明确规定应当取得检验检测机构资质认定的，无需取得资质认定。检验检测机构申请延续资质认定证书有效期时，对于上一许可周期内无违法违规行为，未列入失信名单，并且申请事项无实质变化的，市场监管总局和省级市场监督部门可以采取形式审查方式。以告知承诺程序进行资质认定时，申请机构在规定时间内提交的申请材料齐全，符合法定形式的，资质认定部门应当当场作出资质认定决定。告知承诺申请撤回后，申请人再次提出申请的，应当按照一般程序办理。一般资质认定程序的，15 个工作日内作出许可决定、7 个工作日内颁发资质认定证书。对于检验检测机构作出虚假承诺或承诺内容严重不实的，由资质认定部门撤销资质认定证书或相应资质认定事项。

【检验检测机构监督管理办法】

85. 检验检测机构及其人员应当对其出具的检验检测报告负责，依法承担民事、行政和刑事法律责任，应当遵守法律、行政法规、部门规章的规定，遵循客观独立、公平公正、诚实信用原则。检验检测机构对委托人送检的样品进行检验的，检验检测报告对样品所检项目的符合性情况负责，送检样品的代表性和真实性由委托人负责。检验检测机构应当在其检验检测报告上加盖检验检测机构公章或者检验检测专用章。检验检测机构应当对自我声明内容的真实性、全面性、准确性负责。省级市场监督管理部门可以结合风险程度、能力验证及监督检查结果、投诉举报情况等，对本行政区域内检验检测机构进行分类监管。

86. 存在下列情形之一，并且数据、结果存在错误或者无法复核的，属于不实检验检测报告：样品的采集、标识、分发、流转、制备、保存、处置不符合标准等规定，存在样品污染、混淆、损毁、性状异常改变等情形的；使用未经检定或者校准的仪器、设备、设施的；违反国家有关强制性规定的检验检测规程或者方法的；未按照标准等规定传输、保存原始数据和报告的。

存在下列情形之一的属于虚假检验检测报告：未经检验检测的；伪造、变造原始数据、记录，或者未按照标准等规定采用原始数据、记录的；减少、遗漏或者变更标准等规定的应当检验检测的项目，或者改变关键检验检测条件的；调换检验检测样品或者改变其原有状态进行检验检测的；伪造检验检测机构公章或者检验检测专用章，或者伪造授权签字人签名或者签发时间的。

【资质认定能力评价通用要求】

87.《检验检测机构通用要求》分为前言、引言、范围、规范性引用文件、术语和定义、要求、参考文献 7 个部分，检验检测机构资质认定是一项确保检验检测数据、结果的真实、客观、准确的行政许可制度。资质认定评审是对检验检测机构的基本条件和技术能力实施的评审活动。投诉分为有效投诉和无效投诉。检验检测机构应当符合的基本条件包括机构、人员、场所环境、设备设施、管理体系 5 个方面。等级证书与资质认定准则中不一致的说明：等级证书中设备不可租赁，不允许无能力分包；资质认定准则中检测设备可以租赁，允许无能力的分包。

88. 评审要求包括 5 个要求：机构、人员、场所环境、设备设施、管理体系。

【机构】检验检测机构应是依法成立并能够承担相应法律责任的法人或者其他组织。对于非独立法人需要法人代表的授权文件，在授权范围内行使代理权。检验检测机构是机关或者事业单位的内设机构，不具备法人资格，可由法人授权，申请检验检测机构资质认定；生产企业内部的检验检测机构如施工单位、监理单位内部实验室不在检验检测机构资质认定范围之内。检验检测机构作为检验检测活动的第一责任人，应对其出具的检验检测数据、结果负责，并承担相应法律责任。非独立法人检验检测机构，其所在的法人单位应为依法成立并能承担法律责任的实体，该检验检测机构在其法人单位内应有相对独立的运行机制。法人单位的法定代表人不担任检验检测机构最高管理者的，应由法定代表人对最高管理者进行授权。

89. 检验检测机构应明确其组织结构及管理、技术运作和支持服务之间的关系，质量管理可分为质量策划、质量控制、质量保证和质量改进等。技术管理是检验检测技术支持活动全流程的管理。如仪器设备、试剂和消费性材料的采购，仪器设备的检定和校准服务也属于技术管理。行政管理包括法律地位的维持、机构的设置、人员的任命、财务的支持和内外部保障等。技术管理是检验检测机构工作的主线，质量管理是技术管理的保障，行政管理是技术管理资源的支撑。检验检测机构应建立和保持维护其公正和诚信的程序，检验检测机构应建立和保持保护客户秘密和所有权的程序，该程序应包括保护电子存储和传输结果信息的要求。检验检测机构向第三方透露相关信息时，应征得客户同意。

90. 【人员】检验检测机构中所有可能影响检验检测活动的人员，无论是内部还是外部人员，均应行为公正，受到监督，胜任工作，并按照管理体系要求履行职责。检验检测机构管理层应对管理体系全面负责，承担领导责任和履行承诺。管理层负责管理体系的建立和有效运行；满足相关法律法规要求和客户要求；提升客户满意度；运用过程方法建立管理体系和分析风险、机遇；组织质量管理体系的管理评审。检验检测机构管理层应确保制定质量方针和质量目标；确保管理体系要求融入检验检测的全过程；确保管理体系所需的资源；确保管理体系实现其预期结果。检验检测机构的技术负责人应具有中级及以上相关专业技术职称或同等能力，全面负责技术运作，技术负责人可以是一人，也可以是多人，以覆盖检验检测机构不同的技术活动范围。质量负责人应能与检验检测机构决定政策和资源的最高管理者直接接触和沟通，确保管理体系的实施和保持，无任职条件要求，指定一人。检验检测机构应指定关键管理人员（包括最高管理者、技术负责人、质量负责人等）的代理人。

91. 检验检测机构的授权签字人应具有中级及以上相关专业技术职称或同等能力，并经资质认定部门批准。博士、研究生、本科、大专对应的工作年限要求分别是1、3、5、8年。授权签字人是由检验检测机构提名，经资质认定部门考核合格后，在其资质认定授权的能力范围内签发检验检测报告或证书的人员。授权签字人对签发的报告或证书承担相应法律责任，要对检验检测主管部门、本检验检测机构和客户负责。非授权签字人不得对外签发检验检测报告或证书。检验检测机构不得设置授权签字人的代理人员。检验检测机构应对抽样、操作设备、检验检测、签发检验检测报告或证书以及提出意见和解释的人员，依据相应的教育、培训、技能和经验进行能力确认。应由熟悉检验检测目的、程序、方法和结果评价的人员，对检验检测人员包括实习员工进行监督。检验检测机构应设置覆盖其检验检测能力范围的监督员。检验检测机构中监督计划应重点考虑的有在培训中的人员、新上岗或转岗的人员；新开展的检测项目或参数；能力验证的或比对项目结果可疑或不满意的；发生客户投诉的员工；允许方法偏离的项目；检验检测环境条件要求高的项目。监督基于检测活动的特性，可采用现场观察、报告复核、面谈、模拟检验检测以及其他评价被监督人员能力水平的方法。实验室提供的监督活动记录中应规定监督方式（时机）、对检测人员的技术能力、检测操作流程的符合性、检测结果的可靠性进行评价。实验室可以通过能力验证结果、内外部质量控制结果、内外部审核、不符合工作的识别、利益相关方的投诉、人员监督评价和考核等多种方式对培训活动的有效性加以验证。

92. 【场所环境】检验检测机构应有固定的、临时的、可移动的或多个地点的场所。公路水运工程检测工作场所形式有设立在工地现场的临时工地实验室、现场检测、监控基地等，各工地实验室的管理制度应属于管理体系的受控范围。检验检测标准或者技术规范对环境条件有要求时或环境条件影响检验检测结果时，应监测、控制和记录环境条件。当环境条件不利于检验检测的开展时，应停止检验检测活动。并经有效处置后，方可恢复检验检测活动。检验检测机构应建立和保持检验检测场所良好的内务管理程序，该程序应考虑安全和环境的因素。检验检测机构应将不相容活动的相邻区域进行有效隔离，应采取措施以防止干扰或者交叉污染。检验检测机构应对人员进入或使用对检验检测质量有影响的区域予以控制，应根据自身的特点和具体情况确定控制的范围。

93. 【设备设施】检验检测机构应配备满足检验检测（包括抽样、物品制备、数据处理与分析）要求的设备和设施。设备包括检验检测活动所必需并影响结果的仪器、软件、测量标准、标准物质、参考数据、试剂、消耗品、辅助设备或相应组合装置。检验检测机构租用仪器设备开展检验检测时，应确保：租用仪器设备的管理应纳入本检验检测机构的管理体系；本检验检测机构可全权支配使用；在租赁合同中明确规定租用设备的使用权；同一台设备不允许在同一时期被不同检验检测机构共同租赁和资质认定。检验检测机构应建立相关的程序文件，描述检验检测设备和设施的安全处置、运输、存储、使用、维护等的规定，防止污染和性能退化，应确保设备在运输、存储和使用时的安全保障。

94. 设备在投入使用前，应采用核查、检定或校准等方式，以确认其是否满足检验检测的要求。针对校准结果产生的修正信息，检验检测机构应确保在其检测数据及相关记录中加以利用并备份和更新。无法溯源到国家或国际测量标准时，测量结果应溯源至RM、公认的或约定的测量方法、标准，或通过比对等途径。自动化检测设备尤其是进口设备设施出现无法溯源到国家或国际测量标准时，可以采取标准物质验证、比对的措施进行校准，采用三台以上的设备进行比对。检验检测机构实施内部校准时人员应经过相关计量知识、校准技能等必要的培训、考核合格或经授权。检定校准结果的确认依据是试验规程、方法标准，与设备说明书、检定校准规程无关。若设备脱离了检验检测机构的直接控制，应确保该设备返回后，在使用前对其功能和检定、校准状态进行核查，并得到满意结果。仪器设备出现缺陷时，应立即停用并明确标识，修复的仪器设备应经过检定、校准等方式证明其功能指标已恢复；检验检测机构应检查这种缺陷对过去检测/校准的影响。

95. 【管理体系】管理体系应覆盖检验检测机构所有部门、所有场所和涉及检验检测的所有质量管理、行政管理和技术管理所有活动。检验检测活动应具有独立、公正、科学、诚信的管理体系，应将其政策、制度、计划、程序和指导书制订成文件，以适当的方式传达有关人员，使其能够“获取、理解、执行”管理体系。质量方针由管理层制定、贯彻和保持，是检验检测机构的质量宗旨和方向；一般在质量手册中阐明，也可单独发布；质量方针声明应经管理层授权发布。检验检测机构应建立和保持控制其管理体系的内部和外部文件的程序，明确文件的批准、发布、标识、变更和废止，防止使用无效、作废的文件。文件包括法律法规、标准、规范性文件、质量手册、程序文件、作业指导书和记录表格以及通知、计划、图纸、图表、软件等。合同评审包括委托书、标书或合同。

96. 检验检测机构因工作量、关键人员、设备设施、环境条件和技术能力等原因，需要分包检验检测项目时，应分包给依法取得资质认定并有能力完成分包项目的检验检测机构，并在检验检测报告中标注分包情况，具体分包的检验检测项目应当事先取得委托人书面同意。出具检验检测报告或证书时，应将分包项目予以区分。除非是客户或法律法规指定的分包，检验检测机构应对分包结果负责。检验检测机构应建立和保持选择与购买对检验检测质量有影响的服务和供应品的程序，明确服务、供应品、试剂、消耗材料的购买、验收、存储的要求，并保存对供应商的评价记录。采购服务包括检定和校准服务，仪器设备购置，环境设施的设计和施工，设备设施的运输、安装和保养，废物处理等。检验检测机构应建立和保持服务客户的程序，包括保持与客户沟通，对客户进行服务满意度调查、跟踪客户的需求，以及允许客户或其代表合理进入为其检验检测的相关区域观察。在保密、安全、不干扰正常检验检测前提下，允许客户或其代表，进入为其检验检测的相关区域观察检验检测活动。

97. 检验检测机构应建立和保持处理投诉的程序。明确对投诉的接收、确认、调查和处理职责，跟踪和记录投诉，确保采取适宜的措施，并注重人员的回避。投诉是相关方对检验检测机构的希望得到答复的不满意或抱怨。检验检测机构应对投诉的处理过程及结果及时形成记录，并按规定全部归档。检验检测机构应建立和保持出现不符合的处理程序，不符合是指检验检测活动不满足标准或者技术规范的要求、与客户约定的要求或者不满足体系文件的要求。不符合的信息可能来源于监督员的监督、客户意见、内部审核、管理评审、外部评审、设备设施的期间核查、检验检测结果质量监控、采购的验收、报告的审查、数据的校核等。

98. 检验检测机构应建立和保持在识别出不符合时，采取纠正措施的程序，检验检测机构应通过实施质量方针、质量目标，应用审核结果、数据分析、纠正措施、管理评审、人员建议、风险评估、能力验证和客户反馈等信息来持续改进管理体系的适宜性、充分性和有效性。记录分为质量记录和技术记录两类，质量记录指检验检测机构管理体系活动中的过程和结果的记录，包括合同评审、分包控制、采购、内部审核、管理评审、纠正措施、预防措施和投诉等记录；技术记录指进行检验检测活动的信息记录，既包括原始观察、导出数据和建立审核路径有关信息的记录，检验检测、环境条件控制、员工、方法确认、设备管理、样品和质量监控等记录，也包括发出的每份检验检测报告或证书的副本。

99. 对记录的所有改动应有更改人的签名或签名缩写。不得涂抹、涂改原始记录，确需改动，应杠改，改动前信息清晰可辨。记录应安全储存、妥善保管，保存方式合理，记录的保存期限明确、合理。观察结果、数据应在产生时予以记录，不允许补记、追记、重抄。书面记录形成过程中如有错误，应采用杠改方式，并将改正后的数据填写在杠改处。记录可存于不同媒体上，包括书面、电子和电磁。管理体系的内部审核通常每年一次，由质量负责人策划内审并制定审核方案，内审员须经过培训，具备相应资格，并应独立于被审核的活动。内部审核应当覆盖与管理体系有关的所有部门、所有场所和所有活动。内部审核发现问题应采取纠正措施并跟踪验证其有效性，对发现的潜在不符合制定和实施预防措施，均应予以记录。

100. 当出现以下特殊情况时应增加审核频次：管理体系有重大变更或机构和职能发生重大变更时；内部监督员发现某质量要素存在严重不符合项；出现质量事故或客户

对某一环节连续申诉、投诉；认证认可机构安排现场评审或监督评审前；年度审核计划经审批后，组织实施。检验检测机构应建立和保持管理评审的程序。管理评审通常12个月一次，由管理层负责和主持，最高管理者组织实施。管理评审输出包括：管理体系及其过程的有效性；符合本标准要求的改进；提供所需的资源；变更的需求。针对不足提出改进措施，完善管理体系，改进资源需求。持续改进是管理体系有效运行的灵魂和宗旨。检验检测方法包括标准方法、非标准方法（含自制方法）。应优先使用标准方法，并确保使用标准的有效版本。在使用标准方法前，应进行验证；在使用非标准方法前，应进行确认。对于确需方法偏离，应有文件规定，经技术判断和批准，并征得客户同意。当客户建议的方法不适合或已过期时，应通知客户。检验检测机构应记录作为确认证据的信息：使用的确认程序、规定的要求、方法性能特征的确定、获得的结果和描述该方法满足预期用途的有效性声明。

101. 偏离指一定的允许范围、一定的数量和一定的时间段等条件下的书面许可。检验检测机构应建立允许偏离方法的文件规定，不应将非标准方法作为方法偏离处理。当已知检测或校准物品偏离了规定的条件，客户依然要求进行检测或校准时，实验室应在报告中做出免责声明，指出结果可能受偏离的影响。检验检测方法的偏离常见的有抽样方式、数量、比例的变化；样品处理方法、过程的改变（混凝土养生时间不足或超龄期）；试验方法的改变（经典法改为仪器法）；数据传输、处理、计算方法改变（由人工改为计算机）。如果客户坚持使用不适合或已过期的方法时，检验检测机构应在委托合同和结果报告中予以说明。当客户未指定检验检测方法时，依次从下列方法中选用：标准方法（包括已发布的国际标准、区域标准、国家标准、行业标准、地方标准）；国务院行业主管部门以文件、技术规范等形式发布的方法；检验检测机构制定的或采用的方法。法定检验检测、评定性检验检测和仲裁检验检测等需要出具具有证明作用的数据和结果的检验检测均应选择国家标准、行业标准、地方标准。如果方法发生了变化，应对变化的方法重新进行验证或确认后证实才能继续使用。

102. 检验检测机构应根据需要建立和保持应用评定测量不确定度的程序。检验检测机构可在检验检测出现临界值、内部质量控制或客户有要求时，报告测量不确定度。自行开发的计算机软件应形成文件，使用前确认其适用性，并进行定期、改变或升级后的再确认。根据任何偏离不得影响检验检测质量的原则，要对偏离进行评估，经批准后方可实施偏离。对标准方法的任何偏离必须以不影响结果准确性为前提。方法偏离需满足以下四个条件的情况下才允许发生：已在文件规定；经技术判断不影响检验检测结果；被主管的技术管理人员授权或批准；已经客户同意。样品的识别包括唯一性编号和样品不同试验状态（未检、在检、检毕、留样）标识。样品在运输、接收、制备、处置、存储过程中应予以控制和记录。当样品需要存放或养护时，应维护、监控和记录环境条件。样品管理员负责将样品的识别标签逐一贴在样品上，或建立二维码标识系统给每个样品生成唯一二维码。样品室由样品管理员专人负责。实验室内部质量控制的技术方法包括标准物质监控、人员比对、方法比对、仪器设备比对、留样复测，空白测试、重复测试、回收率试验、校准曲线的核查及使用质量控制图等。

103. 检验检测报告或证书应至少包括标题；标注资质认定标志，加盖检验检测专用章（适用时）；检验检测机构的名称和地址，检验检测的地点；检验检测报告或证书的唯一性标识；客户的名称和联系信息；所用检验检测方法的识别；检验检测样品的描述、状态和标识等。检验检测机构公章可替代检验检测专用章使用，也可公章与检验检测专用章同时使用。检验检测机构开展由客户送样的委托检验时，检验检测数据和结果仅对来样负责。当客户提供的信息可能影响结果的有效性时，报告或证书中应有免责声明。检验检测报告或证书的意见和解释包括（但不限于）对检验检测结果符合（或不符合）要求的意见；履行合同的情况；如何使用结果的建议；改进的建议。

【管理体系文件】

104. 管理体系是指为建立方针和目标并实现这些目标的体系，包括质量管理体系、行政管理体系和技术管理体系。管理体系的运作包括体系的建立、体系的实施、体系的保持和体系的改进。质量管理体系是技术规范正确运行的保证，是技术运行的补充，而不是替代。管理体系文件的构成可分为四层次：

第一层次为质量手册：是管理体系运行的纲领性文件，描述了管理体系的管理要求和技术要求，以及各岗位职责和管理途径。第二层次为程序文件：描述质量管理体系所需的相互关联的过程和活动。第三层次为作业指导书：指导某个具体过程、描述事物形成的技术性细节的可操作性文件。第四层次为质量和技术记录。

105. 管理体系文件的特性有符合性、系统性、协调性、完整性、适宜性、简单易懂和可操作性。质量手册一般由质量负责人和内部审核人员参与编制，最终由最高管理者或授权负责人予以批准。一般的技术类作业指导书由具体的技术人员编制，最后由技术管理者批准。质量手册内容包括质量方针声明、检验检测机构描述、人员职责、支持性程序、手册管理等。质量方针声明应经管理层授权发布，并让全员了解各自在实现目标中应发挥的作用。

106. 检验检测机构存放的所有外来法律法规、规范、标准及体系文件都应加盖受控章。程序文件是规定实验室质量活动方法和要求的文件，是质量手册的支撑性文件。并非所有活动都要制定程序文件，制定程序文件的两个原则：准则中明确提出要建立程序文件时；活动的内容复杂且涉及的部门较多，该项活动在质量手册中无法表示清楚，必须制定相应的支持性程序文件时。工地实验室可视需要增加的程序有化学试剂、药品的管理程序；现场检测的管理程序；工地实验室管理程序。

107. 作业指导书是规定质量基层活动途径的操作性文件，其对象是具体的作业活动。至少制订以下 4 方面的作业指导书：方法方面、设备方面、样品方面、数据方面。常用的作业指导书通常应包含的内容有作业内容、使用的材料、使用的设备、使用的专用工艺装备、作业的质量标准和技术标准，以及判断质量的标准、检验方法、记录格式、对于关键工序应编制详细的作业指导书。并非每一项工作或程序文件都编制作业指导书，只有在缺少作业指导书可能影响检测和校准结果时，才有必要编制作业指导书。

108. 其他质量文件包括记录、表格、报告、文件。记录一般分为管理记录和技术记录两大类。委托单、合同评审、质量内审、管理评审、文件发放、设备验收记录、会议签到等均属记录。检测的原始记录应包含足够的信息，能够再现检测过程。无合同要求时，记录的保存期限不得短于产品的寿命期或责任期。一般检测记录的更改应为试验检测人。危及实验室公正性的关系可能基于所有权、控制权、管理、人员、共享资源、财务、合同、市场营销、支付销售佣金或其他引荐新客户的奖酬等。CNAS 认可的实验室应在基本认可准则（CNAS-CL01）的基础上制定应用指南和应用说明。

【印章分类及使用】

109. 资质认定（即计量认证）标志的整个图形由英文字母 CMA 形成的图案和资质认定证书编号组成。证书编号由 12 位数字组成。可根据情况放大或缩小，不可更改标志比例，标志上下部分的颜色应一致。资质认定标志的颜色建议为红色、蓝色或者黑色。资质认定标志加盖（或印刷）在检验检测报告或证书封面上部适当位置（通常在左上角）。计量认证的专业类别代码：P 交通、R 建设（建材、城建、建工）、N 铁路、Y 计量、Z 其他。

110. 检验检测专用章加盖在检验检测报告或证书封面的机构名称位置或检验检测结论位置，骑缝位置也应加盖。检验检测机构应加强对检验检测专用章管理，建立相应的责任制度和用章登记制度，安排专人负责保管和使用，用章记录资料要存档备查。检验检测专用章的式样及式样变更都要经过本单位法人或法人授权人批准。检验检测专用章应包含下列内容：本单位名称、检验检测专用章字样、五星标识。专用章形状通常为圆形。

111. 当检测参数通过计量认证时，检测报告需加盖CMA 标志，同时加盖检验检测机构专用章；当检测参数属于等级证书批准的范围，未通过资质认定时，报告加盖检测资质标识及检验检测机构专用章；当检测参数通过资质认定同时属于等级证书批准的范围的检测报告时，须加盖 CMA、检验检测机构专用章、颜色为蝴蝶蓝的检测资质标识的3种印章，交通运输行业第三方检测机构出具的报告及交竣工验收进行质量评定的报告都应加盖3种印章。

【第五章】学员笔记　　「成功永远属于有准备的人」

真题汇编

一、单选题（每题1分）

※※第二节　检验检测机构资质认定管理工作涉及法规及有关配套文件解读※※

1. 根据《检验检测机构资质认定管理办法》的规定，需要延续资质认定证书有效期的，应当在其有效期届满（　　）前提出申请。

A. 2个月　　B. 3个月

C. 5个月　　D. 6个月

【答案】B　解析：资质认定证书有效期为6年，需要延续资质认定证书有效期的，应当在其有效期届满3个月前提出申请。

2. 被撤销资质认定证书的检验检测机构，（　　）内不得再次申请资质认定。

A. 1年　　B. 2年

C. 3年　　D. 5年

【答案】C　解析：被撤销资质认定证书的检验检测机构，3年内不得再次申请资质认定。

3. 下列哪种情况检验检测机构无需向资质认定部门申请办理变更手续（　　）。

A. 机构名称、地址、法人性质发生变更

B. 技术负责人发生变更

C. 质量负责人发生变更

D. 检验检测标准或者检验检测方法发生变更

【答案】C　解析：有下列情形之一的，检验检测机构应当向资质认定部门申请办理变更手续：（1）机构名称、地址、法人性质发生变更的；（2）法定代表人、最高管理者、技术负责人、检验检测报告授权签字人发生变更的；（3）资质认定检验检测项目取消的；（4）检验检测标准或者检验检测方法发生变更的；（5）依法需要办理变更的其他事项。

4. 检验检测机构超出资质证书规定的检验检测能力范围，擅自向社会出具具有证明作用的数据、结果的，由县级以上技术监督部门责令整改，处（　　）罚款。

A. 1万元　　B. 2万元

C. 3万元　　D. 5万元

【答案】C　解析：检验检测机构超出资质认定证书规定的检验检测能力范围，擅自向社会出具具有证明作用数据、结果的，由县级以上质量技术监督部门责令整改，处3万元罚款。

5. 检验检测机构申请资质认定时提供虚假材料或隐瞒有关情况的，资质认定部门不予受理，且（　　）内不得再次申请资质认定。

A. 4年　　B. 3年

C. 2年　　D. 1年

【答案】D　解析：检验检测机构申请资质认定时提供虚假材料或者隐瞒有关情况的，资质认定部门不予受理或者不予许可。检验检测机构在 1 年内不得再次申请资质认定。

6. 检验检测机构资质认定证书有效期为（　　）年。

A. 3　　B. 6

C. 5　　D. 1

【答案】B　解析：资质认定证书有效期 6 年。需要延续资质认定证书有效期的，应当在其有效期届满 3 个月前提出申请。

7. 检验检测机构在开展（　　）活动并提供检验检测数据、结果时，在资质认定证书确定的检验检测能力范围内出具的报告或者证书上，须标注资质认定标志。

A. 科研　　B. 教学

C. 内部质量控制　　D. 第三方检测

【答案】D　解析：检验检测机构向社会出具具有证明作用的检验检测数据、结果的，应当在其检验检测报告上加盖检验检测专用章，并标注资质认定标志。

8. 检验检测机构接受的委托检验，其检验检测数据、结果仅证明（　　）。

A. 检测过程的符合性　　B. 样品的符合性

C. 样品所检测项目的符合性　　D. 取样过程的符合性

【答案】C　解析：检验检测机构接受委托送检的，其检验检测数据、结果仅证明样品所检验检测项目的符合性情况。

9. 根据《检验检测机构资质认定管理办法》的规定，资质认定部门应当对技术评审活动进行监督，建立（　　）机制。

A. 培训考核　　B. 过程监督

C. 责任追究　　D. 责任分担

【答案】C　解析：资质认定部门应当对技术评审活动进行监督，建立责任追究机制。

10. 申请资质认定的检验检测机构应当向国家认监委或者省级资质认定部门提交书面申请和相关材料，（　　）对申请材料的真实性负责。

A. 资质认定机构　　B. 技术评审组

C. 材料初审人员　　D. 申报机构

【答案】D　解析：申请资质认定的检验检测机构，应当向国家认监委或省级资质认定部门提交书面申请和相关材料，并对其真实性负责。

11. 根据《检验检测机构资质认定管理办法》的规定，现场技术评审组由（　　）组成。

A. 两名以上评审员　　B. 三名以上评审员

C. 四名以上评审员　　D. 人数不限，但总人数为奇数

【答案】A　解析：资质认定部门或者其委托的专业技术评审机构组织现场技术评审时，应当指派两名以上与技术评审内容相适应的评审员组成评审组，并确定评审组组长。

12.（ ）是指依据有关法律法规和标准、技术规范的规定，对检验检测机构的基本条件和技术能力是否符合法定要求实施的评价许可。

A. 资质认定　　B. 认证认可

C. 计量认证　　D. 型式评价

【答案】A　解析：资质认定的定义：省级以上质量技术监督部门依据有关法律法规和标准、技术规范的规定，对检验检测机构的基本条件和技术能力是否符合法定要求实施的评价许可。

13. 检验检测机构有下列情形之一的，资质认定部门依法注销其资质（ ）。

A. 未按规定时限申报重大事项变更的

B. 未按规定上报年报的

C. 检查发现环境条件不符合相关规范要求的

D. 检验检测机构依法终止的

【答案】D　解析：检验检测机构有下列情形之一的，资质认定部门应当依法办理注销手续：

（1）资质认定证书有效期届满，未申请延续或者依法不予延续批准的；

（2）检验检测机构依法终止的；

（3）检验检测机构申请注销资质认定证书的；

（4）法律法规规定应当注销的其他情形。

14. 依据《关于进一步推进检验检测机构资质认定改革工作的意见》（国市监检测〔2019〕206 号）的规定，检验检测机构申请延续资质认定证书有效期时，对于上一许可周期内无违法违规行为，未列入失信名单，并且申请事项无实质变化的，市场监管总局和省级市场监管部门可以采取（ ）方式。

A. 形式审查　　B. 资料审核

C. 现场评审　　D. 现场考核

【答案】A　解析：检验检测机构申请延续资质认定证书有效期时，对于上一许可周期内无违法违规行为，未列入失信名单，并且申请事项无实质变化的，市场监管总局和省级市场监督部门可以采取形式审查方式。

15. 依据《国家认监委关于印发检验检测机构资质认定配套工作程序和技术要求的通知》（国认实〔2015〕50 号）的规定，资质认定部门将检验检测机构分为 A、B、C、D 四个类别，并根据不同类别采取不同的监管模式。在首次启动分类监管时，所有检验检测机构起始默认类别为（ ）。

A. A 类　　B. B 类

C. C 类　　D. D 类

【答案】B　解析：所有检验检测机构起始默认类别为 B 类。

16. 根据《关于进一步推进检验检测机构资质认定改革工作的意见》（国市监检测〔2019〕206 号），以告知承诺程序进行资质认定时，申请机构在规定时间内提交的申请材料齐全、符合法定形式的，资质认定部门应当（ ）作出资质认定决定。

A. 7 个工作日内　　B. 5 个工作日内

C. 3 个工作日内　　D. 当场

【答案】D　解析：以告知承诺程序进行资质认定时，申请机构在规定时间内提交的申请材料齐全、符合法定形式的，资质认定部门应当当场作出资质认定决定。

17. 根据《市场监管总局关于进一步推进检验检测机构资质认定改革工作的意见》（国市监检测〔2019〕206号）的规定，对以告知承诺方式取得资质认定的机构承诺的真实性进行重点核查，发现虚假承诺或者承诺严重不实的，应当（　　）。

A. 责令其限期改正，处3万元以下罚款

B. 依法追究刑事责任

C. 责令其在6个月内整改，整改期暂停出具报告

D. 撤销相应资质认定事项

【答案】D　解析：对以告知承诺方式取得资质认定的机构承诺的真实性进行重点核查，发现虚假承诺或者承诺严重不实的，应当撤销相应资质认定事项，予以公布并记入其信用档案。

※※第三节　《检验检测机构监督管理办法》解读※※

1. 根据《检验检测机构监督管理办法》（国家市场监督管理总局令第39号），检验检测机构出具检验检测报告，存在（　　），属于虚假检验检测报告。

A. 违反国家有关强制性规定的检验检测规程或者方法的

B. 调换检验检测样品或者改变其原有状态进行检验检测的

C. 使用未经检定或者校准的仪器、设备、设施的

D. 样品污染、混淆、损毁、性状异常改变等情形的

【答案】B　解析：存在下列情形之一的属于虚假检验检测报告：未经检验检测的；伪造、变造原始数据、记录，或者未按照标准等规定采用原始数据、记录的；减少、遗漏或者变更标准等规定的应当检验检测的项目，或者改变关键检验检测条件的；调换检验检测样品或者改变其原有状态进行检验检测的；伪造检验检测机构公章或者检验检测专用章，或者伪造授权签字人签名或者签发时间的。

※※第四节　《检验检测机构资质认定能力评价检验检测机构通用要求》释义※※

1. 实验室的管理评审是由（　　）就质量方针和目标，对质量体系的现状和适应进行的正式评审。

A. 管理层　　B. 质量负责人

C. 技术负责人　　D. 行政负责人

【答案】A　解析：管理评审是由管理层定期系统地对管理体系的适宜性、充分性、有效性进行评价，以确保其符合质量方针和质量目标。管理评审通常12个月一次，由管理层负责，最高管理者组织实施。

2. 由于工期紧，客户要求检测机构缩短规范标准规定的样品养生时间或样品静置时间完成检测项目时，应做以下处理（　　）。

A. 依据不符合检测工作的程序　　B. 依据采用非标准方法程序

C. 依据允许偏离的程序　　D. 不可以做该项目

【答案】C　解析：检验检测方法的偏离常见的有：

（1）抽样方式、数量、比例的改变；

（2）样品处理方法、过程的改变（如混凝土养生时间不足或超龄期、土工试验闷料时间不足等）；

（3）试验方法的改变（经典法改为仪器法）；

（4）数据传输、处理、计算方法改变（由人工改为计算机）。

3. 下列哪一项活动应由与其工作无直接责任的人员来进行（　　）。

A. 质量监督　　　　B. 合同评审

C. 监督检验　　　　D. 管理体系内部审核

【答案】D　解析：内部审核通常每年一次，由质量负责人策划内审并制定审核方案。内审员须经过培训，具备相应资格，内审员应独立于被审核的活动。

4. 下列检测活动符合《检验检测机构资质认定评审准则》要求的是（　　）。

A. 用感量为0.01g的电子秤称量100g的样品，要求精确到0.1g，称量原始记录为100.1g

B. 为了保持记录纸的干净，用空白纸先记录，然后誊抄到原始记录上

C. 采用数显自动控温系统对样品进行调温，不需要提供温度监控记录

D. 将检验检测用仪器设备名称及编号记录在原始记录中

【答案】D　解析：A答案称量原始记录应为100.10g。B答案正确说法是观察结果、数据应在产生时予以记录。不允许补记、追记、重抄。C答案应提供温度监控记录。

5. 检验检测机构所使用的仪器设备应确保满足《检验检测机构资质认定评审准则》的相关要求，以下说法错误的是（　　）。

A. 检验检测机构租用仪器设备的管理应纳入本机构的管理体系

B. 用同一台仪器设备不允许在同一时期被不同检验检测机构共同租赁

C. 量程应与被测参数的技术指标范围相适应

D. 租用的设备由设备所有权机构的检测人员操作和维护

【答案】D　解析：检验检测机构租用仪器设备的管理应纳入本检验检测机构的管理体系；本检验检测机构可全权支配使用，即租用的仪器设备由本检验检测机构的人员操作、维护、检定或校准，并对使用环境和贮存条件进行控制；在租赁合同中明确规定租用设备的使用权；同一台设备不允许在同一时期被不同检验检测机构共同租赁和资质认定。

6. 按照《检验检测机构资质认定评审准则》的有关规定，检验检测机构的技术负责人应具有（　　）或同等能力。

A. 本科及以上学历

B. 研究生及以上学历

C. 中级及以上相关专业技术职称

D. 高级及以上相关专业技术职称

【答案】C　解析：检验检测机构的技术负责人全面负责技术运作，可以是一人，也可以是多人，技术负责人应具有中级及以上相关专业技术职称或者同等能力，胜任所承担的工作。

7. 内审由（　　）策划并制定方案。

A. 管理层　　B. 质量负责人

C. 技术负责人　　D. 最高管理者

【答案】B　解析：内部审核通常每年一次，由质量负责人策划内审并制定审核方案。内审员须经过培训，具备相应资格，内审员应独立于被审核的活动。

8. 根据《检测和校准实验室能力认可准则》（CNAS-CL01：2018）的规定，在实验室开展校准工作时，当客户要求的方法不合适或已过期时，实验室应（　　）。

A. 选择适用的方法校准　　B. 通知客户

C. 予以拒绝　　D. 按客户要求校准

【答案】B　解析：当客户建议的方法不适合或已过期时，应通知客户。如果客户坚持使用不适合或已过期的方法时，检验检测机构应在委托合同和结果报告中予以说明。

9. 关于检验检测机构人员配置，以下说法不正确的是（　　）。

A. 技术负责人的专业能力应覆盖各专业技术领域

B. 对外检验检测报告或证书只能由授权签字人签发

C. 技术负责人是全面负责技术运作的人，可以是一个人或一组人

D. 授权签字人可以找同一机构具有相当技术能力的人作为代理人

【答案】D　解析：非授权签字人不得对外签发检验检测报告或证书。检验检测机构不得设置授权签字人的代理人员。

10. 根据《检验检测机构管理和技术能力评价　授权签字人要求》（RB/T 046—2020），授权签字人应根据（　　）范围签发检验检测报告或证书。

A. 自身能力　　B. 机构能力证书副本中的参数

C. 客户授权　　D. 机构授权

【答案】D　解析：授权签字人由检验检测机构提名，在其授权的能力范围内经检验检测机构授权签发检验检测报告或证书的人员。

11. 根据《检验检测机构资质认定能力评价　检验检测机构通用要求》（RB/T 214—2017），当试验中发现环境条件不利于检验检测时，应首先采取的措施是（　　）。

A. 停止检验检测活动

B. 对环境条件进行改进

C. 监测、控制和记录环境条件

D. 实时记录，保证检测环境条件可追溯

【答案】A　解析：当环境条件不利于检验检测的开展时，应停止检验检测活动。

12. 《检验检测机构资质认定能力评价　检验检测机构通用要求》（RB/T 214—2017）对非标准方法使用的规定是（　　）。

A. 使用前应验证　　B. 使用前应确认

C. 可直接使用　　D. 不允许使用

【答案】B　解析：检验检测方法包括标准方法非标准方法。应优先使用标准方法，并确保使用标准的有效版本。在使用标准方法前，应进行验证。在使用非标准方法前，应进行确认。

13. 依据《检验检测机构资质认定能力评价　检验检测机构通用要求》（RB/T 214—2017）的规定，术语“投诉”是指任何人员或组织向（　　）表达不满。

A. 人民法院　　B. 行业主管部门

C. 检验检测机构　　D. 仲裁机构

【答案】C　解析：投诉是指任何人员或组织向检验检测机构就其活动或结果表达不满，并期望得到回复的行为。

14. 依据《检验检测机构资质认定能力评价　检验检测机构通用要求》（RB/T 214—2017）的要求，检验检测机构应阐明质量方针，制定质量目标，并在（　　）时予以评审。

A. 外部评审　　B. 内审

C. 管理评审　　D. 质量监督

【答案】C　解析：管理评审是管理层定期系统地对管理体系的适宜性、充分性、有效性进行评价，以确保其符合质量方针和质量目标。

15. 根据《检验检测机构资质认定能力评价　检验检测机构通用要求》（RB/T 214—2017）的要求，标准方法发生变更后，应（　　）。

A. 重新确认　　B. 重新验证

C. 重新申请现场评审　　D. 重新组织专家论证

【答案】B　解析：如果方法发生了变化，应对变化的方法重新进行验证或确认后证实才能继续使用。

16. 根据《检验检测机构资质认定能力评价　检验检测机构通用要求》（RB/T 214—2017）规定，检验检测机构的管理评审由（　　）组织实施。

A. 最高管理者　　B. 管理层

C. 质量负责人　　D. 技术负责人

【答案】A　解析：管理评审通常 12 个月一次，由管理层负责，最高管理者组织实施。

二、判断题（每题 1 分）

※※第一节　《认证认可条例》简介※※

1. 根据《中华人民共和国认证认可条例》，国家对必须经过认证的产品，统一产品目录，列入目录产品的生产者或者销售者、进口商，均可自行委托指定的认证机构进行认证。（　　）

【答案】对　解析：国家对必须经过认证的产品，统一产品目录；统一技术规范的强制性要求、标准和合格评定程序；统一标志；统一收费标准。列入目录产品的生产者或者销售者、进口商，均可自行委托指定的认证机构进行认证。

2. 根据《中华人民共和国认证认可条例》，认可机构委托他人完成与认可有关的具体评审业务的，由完成具体评审业务的被委托人对评审结论负责。（　　）

【答案】错　解析：认可机构委托他人完成与认可有关的具体评审业务的，由认可机构对评审结论负责。

※※第二节　检验检测机构资质认定管理工作涉及法规及有关配套文件解读※※

1. 凡是在中华人民共和国境内向社会出具具有证明作用的数据、结果的检验检测机构应取得资质认定。（　）

【答案】对　解析：凡是在中华人民共和国境内向社会出具具有证明作用的数据、结果的检验检测机构应取得资质认定。

2. 根据《关于进一步推进检验检测机构资质认定改革工作的意见》（国市监检测〔2019〕206 号），法律法规未明确规定应当取得检验检测机构资质认定的，无需取得资质认定。（　）

【答案】对　解析：法律法规未明确规定应当取得检验检测机构资质认定的，无需取得资质认定。

※※第三节　《检验检测机构监督管理办法》解读※※

1. 根据《检验检测机构监督管理办法》（国家市场监督管理总局令第 39 号），检验检测机构对委托人送检的样品进行检验时，检验检测报告需对送检样品的真实性负责。（　）

【答案】错　解析：检验检测机构对委托人送检的样品进行检验的，检验检测报告对样品所检项目的符合性情况负责，送检样品的代表性和真实性由委托人负责。

※※第四节　《检验检测机构资质认定能力评价　检验检测机构通用要求》释义※※

1. 检验检测机构应对影响检验检测质量的区域的进入和使用加以控制，客户不得进入检测区域。（　）

【答案】错　解析：检验检测机构应对人员进入或使用对检验检测质量有影响的区域予以控制，应根据自身的特点和具体情况确定控制的范围。在确保不对检验检测质量产生不利影响的同时，还应保护客户和检验检测机构的机密及所有权，保护进入或使用相关区域的人员的安全。

2. 质量记录指检验检测机构管理体系活动中的过程和结果的记录，包括人员、分包控制、采购、内部审核、管理评审、纠正措施、预防措施和投诉等记录。（　）

【答案】错　解析：质量记录指检验检测机构管理体系活动中的过程和结果的记录，包括合同评审、分包控制、采购、内部审核、管理评审、纠正措施、预防措施和投诉等记录。人员是技术记录中的内容。

3. 检验检测机构未负责抽样时应在报告中声明结果仅适用于客户提供的样品。（　）

【答案】对　解析：检验检测机构开展由客户送样的委托检验时，检验检测数据和结果仅对来样负责。

4. 当试验结果处于临界区，或客户有要求时，试验报告应给出测量不确定度。（　）

【答案】对　解析：检验检测机构可在检验检测出现临界值、内部质量控制或者客户有要求时，报告测量不确定度。

5. 实验室废液、废气、废渣等废弃物应集中收集、存放和处理。（　　）

【答案】错　解析：工地实验室产生的废水、废气、废渣应安全排放。试验废水应经沉淀后方能排放；化学废液应进行中和处理后方能排放；试验固体废弃物应集中存放，定期清理到指定位置，不得随意摆放、丢弃。

6. 根据《检验检测机构资质认定能力评价　检验检测机构通用要求》（RB/T 214—2017）的规定，出具检验检测报告或证书时，应将分包项目予以区分。（　　）

【答案】对　解析：检验检测机构需分包检验检测项目时，应分包给已取得检验检测机构资质认定并有能力完成分包项目的检验检测机构，具体分包的检验检测项目和承担分包项目的检验检测机构应事先取得委托人的同意，出具检验检测报告或证书时，应将分包项目予以区分。

7. 检验检测机构应是依法成立并能够承担相应法律责任的法人或者其他组织。不具备独立法人资格的，经所在法人单位授权后可申请检验检测机构相关资质。（　　）

【答案】对　解析：检验检测机构应是依法成立并能够承担相应法律责任的法人或者其他组织。检验检测机构或者其所在的组织应有明确的法律地位，对其出具的检验检测数据、结果负责，并承担相应法律责任。不具备独立法人资格的检验检测机构应经所在法人单位授权。

三、多选题（每题 2 分，下列各题均有 2 个或 2 个以上备选答案符合题意，有错误选项不得分，选项正确但不完全的每个选项得 0.5 分，完全正确的得满分。）

※※第一节　《认证认可条例》简介※※

1. 根据《中华人民共和国认证认可条例》的规定，未经批准从事认证活动的，作如下处罚（　　）。

A. 予以取缔　　B. 没收违法所得

C. 处 3 万元以上 10 万元以下的罚款　　D. 处 10 万元以上 50 万元以下的罚款

【答案】ABD　解析：未经批准擅自从事认证活动的，予以取缔，处 10 万元以上 50 万元以下的罚款，有违法所得的，没收违法所得。

※※第二节　检验检测机构资质认定管理工作涉及法规及有关配套文件解读※※

1. 检验检测机构不得（　　）资质认定证书和标志。

A. 转让　　B. 出租

C. 出借　　D. 收购

【答案】ABC　解析：检验检测机构不得转让、出租、出借资质认定证书和标志；不得伪造、变造、冒用、租借资质认定证书和标志；不得使用已失效、撤销、注销的资质认定证书和标志。

2. 检验检测机构资质认定工作应当遵循（　　）的原则。

A. 科学准确　　B. 客观公正

C. 公平公开　　D. 严谨求实

E. 统一规范

【答案】ABCE　解析：检验检测机构资质认定工作应当遵循统一规范、客观公正、科学准确、公平公开、便利高效的原则。

3. 资质认定部门将检验检测机构分为A、B、C、D四个类别，以下关于各类检验检测机构监督检查的描述正确的有（　　）。

A. A类检验检测机构，日常监督检查一般3年进行一次

B. B类检验检测机构，日常监督检查一般每2年实施一次

C. C类检验检测机构，日常监督检查一般每1年实施一次

D. D类检验检测机构，日常监督检查频次每年不少于1次

【答案】ABC　解析：资质认定部门将检验检测机构分为A、B、C、D四个类别。A类是信任，日常监督检查一般3年一次；B类是鼓励，日常监督检查一般每2年一次；C类是鞭策，日常监督检查一般每1年一次；D类是整顿，日常监督检查每年不少于2次。

4. 资质认定证书内容包括（　　）。

A. 发证机关　　B. 获证机构名称和地址

C. 有效期限　　D. 检验检测能力范围

【答案】ABCD　解析：资质认定证书内容包括：发证机关、获证机构名称和地址、检验检测能力范围、有效期限、证书编号、资质认定标志。

5. 根据《检验检测机构资质认定管理办法》的规定，检验检测机构有下列情形之一的，资质认定部门应当撤销其资质认定证书（　　）。

A. 出具的检验检测数据、结果失实的

B. 以欺骗、贿赂等手段取得资质认定的

C. 非授权签字人签发检验检测报告的

D. 未经检验检测出具虚假检验检测数据、结果的

【答案】BD　解析：有下列情形之一的，资质认定部门应当撤销其资质认定证书：(1) 未经检验检测或者以篡改数据、结果等方式，出具虚假检验检测数据、结果的；(2) 整改期间擅自对外出具检验检测数据、结果，或者逾期未改正、改正后仍不符合要求的；(3) 以欺骗、贿赂等不正当手段取得资质认定的；(4) 依法应当撤销资质认定证书的其他情形。

※※第三节　《检验检测机构监督管理办法》解读※※

1. 根据《检验检测机构资质认定管理办法》，对于需要延续资质认定证书的，资质认定部门根据检验检测机构的申请事项、信用信息、分类监管等情况，采取（　　）方式进行技术评审，并作出是否准予延续的决定。

A. 现场评审　　B. 书面审查

C. 告知承诺　　D. 远程评审

【答案】ABD　解析：资质认定部门根据检验检测机构的申请事项、信用信息、分类监管等情况，采取书面审查、现场评审（或者远程评审）的方式进行技术评审，并作出是否准予延续的决定。

※※第四节 《检验检测机构资质认定能力评价 检验检测机构通用要求》释义※※

1. 根据《检验检测机构资质认定能力评价检验检测机构通用要求》（RT/T 214—2017）的规定，检验检测机构应对（　　）进行能力确认。

A. 进行特定类型的抽样人员　　B. 进行检测的人员

C. 样品接收人员　　D. 对检测结果提出意见和解释的人员

【答案】ABD　解析：检验检测机构应对抽样、操作设备、检验检测、签发检验检测报告或证书以及提出意见和解释的人员，依据相应的教育、培训、技能和经验进行能力确认，能力确认后进行授权。

2. 仪器设备出现故障或者异常时，检验检测机构应采取（　　）措施。

A. 停止使用、隔离

B. 加贴停用标签、标识

C. 修复并通过检定、校准或核查表明设备能正常工作为止

D. 应核查这些缺陷或超出规定限度对以前检验检测结果的影响

【答案】ABCD　解析：设备出现故障或者异常时，检验检测机构应采取相应措施，如停止使用、隔离或加贴停用标签、标记，直至修复并通过检定、校准或核查表明能正常工作为止，应核查这些缺陷或偏离对以前检验检测结果的影响。

3. 实验室的设施和环境条件对检测结果的质量有影响时，实验室应（　　）环境条件。

A. 监测　　B. 控制

C. 记录　　D. 放宽

【答案】ABC　解析：检验检测标准或者技术规范对环境条件有要求时或环境条件影响检验检测结果时，应监测、控制和记录环境条件。

4. 根据《检验检测机构管理和技术能力评价　授权签字人要求》（RB/T 046—2020），授权签字人要对（　　）负责。

A. 检验检测主管部门　　B. 分包方

C. 本检测机构　　D. 客户

【答案】ACD　解析：授权签字人对签发的报告或证书承担相应法律责任，要对检验检测主管部门、本检验检测机构和客户负责。

5. 依据《检验检测机构资质认定评审准则》的有关规定，（　　）不在应指定关键管理人员为代理人。

A. 最高管理者　　B. 技术负责人

C. 样品接收人员　　D. 授权签字人

【答案】AB　解析：检验检测机构应指定关键管理人员（包括最高管理者、技术负责人、质量负责人等）的代理人，以便其因各种原因不在岗位时，有人员能够代行其有关职责和权力，以确保检验检测机构的各项工作持续正常进行。

6. 检验检测机构应明确其组织和管理结构、所在法人单位中的地位，以及（　　）之间的关系。

A. 内务管理　　B. 质量管理

C. 支持服务　　　　　　　　　　　　　　　　D. 技术运作

【答案】BCD　解析：检验检测机构应明确其组织结构及管理、技术运作和支持服务之间的关系。其中管理包括质量管理、技术管理、行政管理。

7. 检验检测机构租用仪器设备开展检验检测时，应确保：（　　　　）。

A. 租用仪器设备的管理应纳入本检验检测机构的管理体系

B. 本检验检测机构可全权支配使用

C. 在租赁合同中明确规定租用设备的使用权

D. 同一台设备不允许在同一时期被不同检验检测机构共用租赁

【答案】ABCD　解析：检验检测机构租用仪器设备开展检验检测时，应确保（1）租用仪器设备的管理应纳入本检验检测机构的管理体系；（2）本检验检测机构可全权支配使用；（3）在租赁合同中明确规定租用设备的使用权；（4）同一台设备不允许在同一时期被不同检验检测机构共用租赁和资质认定。

8. 根据《检验检测机构资质认定能力评价　检验检测机构通用要求》（RB/T 214—2017）的规定，下列有关分包的描述正确的有（　　　　）。

A. 分包给依法取得检验检测机构资质认定并有能力完成分包项目的检验检测机构

B. 分包比例必须予以控制，仅限仪器设备使用频次低、价格昂贵及特种项目

C. 分包的检验检测项目应当事先取得委托人同意

D. 分包责任由分包方负责

【答案】AC　解析：检验检测机构需分包检验检测项目时，应分包给已取得检验检测机构资质认定并有能力完成分包项目的检验检测机构，具体分包的检验检测项且和承担分包项目的检验检测机构应事先取得委托人的同意，出具检验检测报告或证书时，应将分包项目予以区分。除非是客户或法律法规指定的分包，检验检测机构应对分包结果负责。

9. 下列关于选择试验方法与判定标准的描述正确的有（　　　　）。

A. 国家标准与交通行业标准并存且行业标准未引用国家标准时，优先采用交通行业标准

B. 国家标准与交通行业标准并存，优先采用最新发布标准

C. 依据判定标准选择试验方法

D. 如果交通行业标准引用了国家标准，当国家标准发生更新时，优先采用国家标准

【答案】ACD　解析：标准方法包括已发布的国际标准、区域标准、国家标准、行业标准、地方标准。试验依据与判定依据选择的原则：（1）选择判定依据中明确的相对应的试验方法；（2）行业标准独立于国家标准时，优先选用行业标准；（3）行业标准引用国家标准，国家标准已修订而行业标准未及时更新时，优先选用国家标准；（4）尽量少选用非标方法。

10. 为保证独立性和公平性，检验检测机构应（　　　　）。

A. 依法成立并能承担相应法律责任

B. 有确保其管理层和员工不受内外部干扰而影响公正性的措施

C. 有避免降低其独立性、公正性的政策和程序

D. 为依法设立的独立法人

【答案】ABC　解析：检验检测机构应是依法成立并能够承担相应法律责任的法人或者其他组织。检验检测机构应建立和保持维护其公正和诚信的程序。检验检测机构及其人员应不受来自内外部的、不正当的商业、财务和其他方面的压力和影响，确保检验检测数据、结果的真实、客观、准确和可追溯。

11. 当客户知道送检物品偏离了规定条件，仍要求实验室进行检测或校准时，实验室应当（　　）。

A. 拒绝进行检测或校准并做出说明

B. 接受委托，在合同中做出相关约定

C. 在报告中做出免责声明

D. 指出偏离可能影响的结果

【答案】CD　解析：当已知检测或校准物品偏离了规定的条件，客户依然要求进行检测或校准时，实验室应在报告中做出免责声明，指出结果可能受偏离的影响。

12. 依据《检验检测机构资质认定能力评价检验检测机构通用要求》（RB/T 214—2017）的规定，以下属于管理评审输出的是（　　）。

A. 变更的需求　　B. 管理体系及其过程的有效性

C. 近期内部审核的结果　　D. 实施改进的有效性

【答案】AB　解析：管理评审输出包括：管理体系及其过程的有效性；符合本标准要求的改进；提供所需的资源；变更的需求。

13. 依据《检验检测机构资质认定能力评价　检验检测机构通用要求》（RB/T 214—2017）的规定，以下关于方法的选择、验证和确认的说法正确的有（　　）。

A. 应优先使用标准方法，并确保使用标准的有效版本

B. 在使用标准方法前应进行确认，在使用非标准方法前应进行验证

C. 必要时，检验检测机构应制定作业指导书

D. 为保证公平、公正，避免采用客户建议的方法

【答案】AC　解析：B答案正确说法是在使用标准方法前应进行验证；在使用非标准方法前应进行确认。D答案正确说法是应优先采用客户建议的方法，当客户建议的方法不适合或已过期时，应通知客户。

14. 质量管理是指确定质量方针、目标和职责，在管理体系中通过（　　）使其实施全部管理职能的所有活动。

A. 质量策划　　B. 质量控制

C. 质量保证　　D. 质量改进

【答案】ABCD　解析：质量管理可分为质量策划、质量控制、质量保证和质量改进。

15. 关于检验检测机构的设备控制，说法正确的有（　　）。

A. 检定合格的仪器可免于符合性判定

B. 对结果有影响的设备应加唯一性标识

C. 检验检测设备应由经过授权的人员操作和维护

D. 检定有效期内的设备外出使用后也应进行状态核查

【答案】BCD　解析：A 答案正确说法是检定合格的仪器还需要进行符合性判定。

16. 根据《检验检测机构资质认定能力评价　检验检测机构通用要求》（RB/T 214—2017），离开检验检测机构的设备返回后，在使用前应（　　　），并得到满意的结果。

A. 对其功能进行核查

B. 对其进行检定

C. 对其进行校准

D. 对其检定、校准状态进行核查

【答案】AD　解析：若设备脱离了检验检测机构的直接控制，应确保该设备返回后，在使用前对其功能和检定、校准状态进行核查，并得到满意结果。

17. 依据《检验检测机构资质认定能力评价　检验检测机构通用要求》（RB/T 214—2017）的规定，以下符合检验检测机构授权签字人基本要求的有（　　　）。

A. 具有中级及以上技术职称或者同等能力

B. 博士研究生毕业，且已从事相关专业检验检测工作满 1 年

C. 硕士研究生毕业，且已从事相关专业检验检测工作满 3 年

D. 大学本科毕业，且已从事相关专业检验检测工作满 4 年

【答案】ABC　解析：检验检测机构的授权签字人应具有中级及以上相关专业技术职称或同等能力，并经资质认定部门批准。博士、研究生、本科、大专对应的工作年限要求分别是 1、3、5、8 年。

※※第六节　检验检测资质认定其他相关认证认可行业标准介绍※※

1. 申请 CNAS 认可的实验室应同时满足以下要求（　　　）。

A. CNAS-CL01

B. CNAS-CI01

C. CNAS-RC01

D. 相应领域的应用说明

【答案】AD　解析：申请认可的实验室应同时满足《检测和校准实验室能力认可准则》（CNAS-CL01）要求和相应领域的应用说明。

※※第十节　印章的分类与使用※※

1. 检验检测机构应在其检验检测报告或证书和相关宣传资料中正确使用资质认定标志。资质认定标志应符合规定的尺寸比例，并准确、清晰标注证书编号。资质认定标志的颜色建议为（　　　）。

A. 红色

B. 蓝色

C. 黑色

D. 绿色

【答案】ABC　解析：资质认定标识一般加盖（或者印刷）在检验检测报告封面左侧页眉，颜色通常为红色、蓝色或黑色。

第六章　试验检测常用术语和定义

速记宝典

【管理术语】

112. 第三方检测机构：又称公正检验，指两个相互联系的主体之外的某个客体。第三方可以是和两个主体有联系，也可以是独立于两个主体之外，是处于买卖利益之外的第三方。

母体试验检测机构：指在工程现场设立工地试验室的具备资质试验检测机构。

工地实验室：基本特征为设立在工地现场，由取得资质的检测机构授权，按照合同约定承担公路水运工程工地现场质量检测的临时性机构。

113. 工地实验室授权负责人：指由母体检测机构授权，代表母体检测机构在工地现场从事工地实验室管理的负责人。

文件受控：为保证使用的各种文件现行有效，实验室对文件的编制、审核、批准、标识、发放、保管、修订等各个环节实施控制和管理。

模拟报告：指依据试验规范标准对真实的样品进行检测所形成的检测报告。

检测：指对给定产品，按照规定程序确定某一种或多种特性、进行处理或提供服务所组成的技术操作。

114. 能力验证：指利用实验室间比对，按照预先制定的准则评价参加者的能力。

期间核查：指根据规定程序，为了确定计量标准、标准物质或测量仪器是否保持原有状态而进行的操作。

内审：即内部审核，是实验室自身必须建立的评价机制，其目的是检查本机构各项质量活动是否符合评审准则与质量管理体系文件的要求的活动。

管理评审：指由实验室的最高管理者就质量方针和目标，对质量体系的现状和适应性进行的正式评价。

实验室间比对：指按照预先规定的条件，由两个或多个实验室对相同或类似的物品进行测量或检测的组织、实施和评价。

【技术术语】

115. 量的真值简称真值，与量的定义一致的量值。

约定量值指对于给定的目的，由协议赋予某量的量值。

测量：是通过实验室获得并可合理赋予某量一个或多个量值的过程。

计量：是实现单位统一、量值准确可靠的活动。

比对：是在规定的条件下，对相同准确度等级或指定不确定度范围的同种测量仪器复现的量值之间比较的过程。

校准：是在规定的条件下的一组操作，第一步是确定由测量标准提供的量值与相应示值之间的关系，第二步是用此信息确定由示值获得测量结果的关系。这里测量标准提供的量值与相应示值都具有测量不确定度。

测量结果：是与其他有用的相关信息一起赋予被测量的一组量值。可以用概率密度函数的方式表示，测量结果通常表示为某个测量的量值和一个测量不确定度。

测试结果：是按规定的测试方法所获得的特性值。

116. 测得的量值：又称量的测得值，代表测量结果的量值。

测量误差：简称误差，其值为测得的量值减去参考量值（真值）。

系统测量误差：指在重复测量中保持不变或按可预见方式变化的测量误差的分量。系统测量误差的参考值是真值，或是测量不确定度可忽略不计的测量标准的测得值，或是约定量值。对于已知的系统测量误差可采用修正补偿。系统测量误差等于测量误差减去随机测量误差。

随机测量误差：简称随机误差，是在重复测量中按不可预见方式变化的测量误差的分量。随机测量误差的参考量值是对同一被测量由无穷多次重复测量得到的平均值。该分布可用期望和方差描述，其期望通常假设为零。随机误差等于测量误差减去系统测量误差。

117. 修正：是对估计的系统误差的补偿。补偿可取不同的形式，如加一个修正值或乘以一个修正因子，或从修正值表或修正曲线上得到；修正值是用代数方法与未修正测量结果相加，以补偿其系统误差的值，修正值等于负的系统误差估计值；修正因子是为补偿系统误差而与未修正测量结果相乘的数字因子。由于系统误差不能完全知道，因此这种补偿并不完全。

测量准确度：简称准确度，指被测量的测得值与其真值间的一致程度。

测量正确度：简称正确度，指无穷多次重复测量所得量值的平均值与一个参考量值之间的一致程度。测量正确度不是一个量，不能用数值表示；测量正确度与测量系统误差有关，与随机测量误差无关；测量正确度不能用测量准确度表示，反之亦然。

测量精密度：简称精密度，是在规定的条件下，对同一或类似被测对象重复测量所得示值或测得值间的一致程度。测量精密度通常用不精密程度以数字形式表示，如标准差、方差或变异系数。测量精密度用于定义测量重复性、期间测量精密度或测量复现性。

118. 重复性测试条件：简称重复性条件，包括相同的测量程序、相同的操作者、相同的操作条件和相同的地点，并在短时间内对同一或类似被测对象重复测量的一组测量条件。

复现性测量条件：简称复现性条件，是指不同地点、不同操作者、不同测量系统，对同一或类似被测对象重复测量的一组测量条件。

测量不确定度：简称不确定度，表征赋予被测量量值分散性的非负参数。

标准不确定度：全称为标准测量不确定度，是以标准差表示的测量不确定度。

合成标准不确定度：全称为合成标准测量不确定度，是在一个测量模型中各输入量的标准测量不确定度获得的输出量的标准测量不确定度。当计算合成标准不确定度时必须考虑协方差。

相对标准不确定度：全称为相对标准测量不确定度，是指标准不确定度除以测得值的绝对值。

扩展不确定度：全称为扩展测量不确定度，是合成标准不确定度与一个大于 1 的数字因子的乘积。

119. 测量设备：是为实现测量过程所必需的测量仪器、软件、测量标准、标准物质、辅助设备或其组合。

测量系统是指一套组装的并适用于特定量在规定区间内给出测得值信息的一台或多台测量仪器，通常还包括其他装置，诸如试剂和电源。

实验标准差：是对同一被测量做 n 次测量，表征结果分散性的量。用极差法计算实验标准差 = 极差/极差系数。

示值误差：指测量仪器示值与对应输入量的参考量值之差。

参考物质（标准物质）：指具有足够均匀和稳定的特性物质，标称特性的检查提供一个标称特性值及其不确定度，该不确定度不是测量不确定度。赋值或未赋值的标准物质都可用于测量精密度控制，只有赋值的标准物质才可用于校准或测量正确度控制。标准物质既包括具有量的物质，也包括标称特性的物质。

120. 标准物质的作用包括作为校准物质用于仪器的定度（化学分析仪器）；作为已知物质用以评价测量方法；作为控制物质与待测物质同时进行分析。

测量仪器的检定：是指查明和确认测量仪器符合法定要求的活动，包括检查、加标记和出具检定证书。

目标不确定度：指根据测量结果的预期用途，规定作为上限的测量不确定度。

质量控制样品（QC 样品）：指存储完整、用量充足的稳定和均质化物料。

核查样品（CS 样品）：指质量控制测量中附有参考量值的物料。

【第六章】学员笔记　　「贵在坚持、难在坚持、成在坚持」

真题汇编

一、单选题（每题1分）

※※第一节　试验检测管理术语※※

1.（　　）是指依据预先制定的准则，采用检验检测机构间比对的方式，评价参加者的能力。

A. 比对试验　　B. 测量审核

C. 能力验证　　D. 计量检定

【答案】C　解析：能力验证是指利用实验室间比对，按照预先制定的准则评价参加者的能力。

※※第二节　试验检测技术术语※※

1. 不属于表示离散程度的统计特征量是（　　）。

A. 标准偏差　　B. 变异系数

C. 中位数　　D. 极差

【答案】C　解析：表示数据离散程度的统计特征量有标准偏差、变异系数、极差。

2. 测量精密度通常用不精密程度以数字形式表示，下列可用于表征测量精密度的指标是（　　）。

A. 系统误差　　B. 平均值

C. 最大值　　D. 变异系数

【答案】D　解析：测量精密度通常用不精密程度以数字形式表示，如标准差、方差或变异系数。

3. 测量不确定度是根据所用到的信息，表征赋予被测量值分散性的（　　）参数。

A. 正值　　B. 值

C. 非负　　D. 负值

【答案】C　解析：测量不确定度是根据所用到的信息，表征赋予被测量量值分散性的非负参数。

4. 已知某仪器对某测量对象的测量结果和该测量对象的标准值，则示值误差可以用（　　）来估计。

A. 标准值与测量结果之差　　B. 标准值与测量结果之差的绝对值

C. 约定真值与测量结果之差　　D. 测量结果与标准值之差

【答案】D　解析：示值误差是指测量仪器示值（测量结果）与对应输入量的参考量值（标准值）之差。

5. 一台烘箱的校准证书显示其温度示值与标准温度的偏差为－1.5℃，当需要在110℃下进行试验时，该烘箱设定温度为（　　）。

A. 108.5℃　　B. 111.5℃

C. 110℃　　D. 113℃

【答案】A　解析：示值误差是指测量仪器示值与对应输入量的参考量值之差。即温度示值＝示值误差＋参考量值＝－1.5℃＋110℃＝108.5℃。

6. 仪器设备的示值是2.9，修正因子是1.2，则仪器设备的测量值应为（　　）。

A. 2.9　　B. 3.5

C. 4.1　　D. 1.2

【答案】B　解析：修正因子是为补偿系统误差而与未修正测量结果相乘的数字因子。即2.9×1.2=3.48，保留两位有效数字为3.5。

7. 对某参量进行多次独立重复测量，测量的重复性常用（　　）来评价。

A. 最大值　　B. 试验标准偏差

C. 方差　　D. 算术平均值

【答案】B　解析：试验标准差是对同一被测量作 n 次测量，表征结果分散性的量。

8. 记测量值 $x = x_1, x_2, \cdots, x_n$，则其平均值 $\bar{x}$ 的试验标准偏差为（　　）。

A. $S(x) = \sqrt{\dfrac{\sum_{i=1}^{n}(x_i - \bar{x})^2}{n}}$　　B. $S(x) = \sqrt{\dfrac{\sum_{i=1}^{n}(x_i - \bar{x})^2}{n-1}}$

C. $S(x) = \sqrt{\dfrac{\sum_{i=1}^{n}(x_i - \bar{x})^2}{n(n-1)}}$　　D. $S(x) = \sqrt{\dfrac{\sum_{i=1}^{n}(x_i - \mu)^2}{n-1}}$

【答案】B　解析：试验标准差计算公式，要记住会手算。

9.（　　）是指在规定条件下，对同一或类似被测对象重复测量所得示值或测得值间的一致程度。

A. 测量准确度　　B. 测量正确度

C. 测量精密度　　D. 测量不确定度

【答案】C　解析：测量精密度是指在规定条件下，对同一或类似被测对象重复测量所得示值或测得值间的一致程度。

10. 一组容积测量结果的标准偏差为0.5L，平均值为50dm^3，则该组测量结果的变异系数为（　　）。

A. 0.1L　　B. 0.01L

C. 0.01　　D. 0.1

【答案】C　解析：变异系数=标准偏差/平均值=0.5/50=0.01。

11. 在重复性条件下，对某一被测对象进行了4次测量，其结果分别为：9.98mm、10.04mm、10.01mm、10.03mm，用极差法计算得到的试验标准偏差为（　　）。（注：测量次数为4时，极差系数近似为2）

A. 0.015mm　　B. 0.02mm

C. 0.03mm　　D. 0.06mm

【答案】C　解析：变异系数=用极差法计算实验标准差=极差/极差系数=0.06/2=0.03mm。

二、判断题（每题1分）

※※第一节　试验检测管理术语※※

1. 工地实验室授权负责人是指由业主授权，代表母体试验检测机构在工地现场从事工地实验室管理的负责人。（　）

【答案】错　解析：工地实验室授权负责人是指由母体检测机构授权，代表母体检测机构在工地现场从事工地实验室管理的负责人。

※※第二节　试验检测技术术语※※

1. 比对是在规定的条件下，对相同准确度等级或指定不确定度范围的类型统称测量仪器复现的量值之间比较的过程。（　）

【答案】对　解析：比对是在规定的条件下，对相同准确度等级或指定不确定度范围的同种测量仪器复现的量值之间比较的过程。

2. 扩展不确定度是合成不确定度与一个数字因子的乘积。（　）

【答案】错　解析：扩展不确定度是合成标准不确定度与一个大于1的数字因子的乘积。

3. 系统误差可利用修正值进行补偿，这种补偿并不完全。（　）

【答案】对　解析：修正是对估计的系统误差的补偿。由于系统误差不能完全知道，因此这种补偿并不完全。

4. 修正值等于负的随机误差估计值。（　）

【答案】错　解析：修正值是用代数方法与未修正测量结果相加，以补偿其系统误差的值。修正等于负的系统误差估计值。

5. 只有赋值的标准物质可以用于测量精密度的控制。（　）

【答案】错　解析：赋值或未赋值的标准物质都可用于测量精密度控制，只有赋值的标准物质才可用于校准或测量正确度控制。

6. 用代数方法与未修正测量结果相加，以补偿其系统误差的值，称为修正因子。（　）

【答案】错　解析：修正是对估计的系统误差的补偿。补偿可取不同的形式，诸如加一个修正值或乘以一个修正因子，或从修正值表或修正曲线上得到。修正值是用代数方法与未修正测量结果相加，以补偿其系统误差的值。修正因子是为补偿系统误差而与未修正测量结果相乘的数字因子。

7. 精密度高表示随机误差小。（　）

【答案】对　解析：精密度表示测量结果的重演程度，精密度高表示随机误差小；准确度指测量结果的正确性，准确度高表示系统误差小。

8. 随机测量误差的参考量值是真值，或是测量不确定度可忽略不计的测量标准的测得值。（　）

【答案】错　解析：系统测量误差的参考量值是真值，或是测量不确定度可忽略不计的测量标准的测得值，或是约定量值。

9. 量的真值，是指对于给定目的，由协议赋予某量的量值。（　　）

【答案】错　解析：量的真值是指与量的定义一致的量值。约定量值是指对于给定目的，由协议赋予某量的量值。

10. 相对标准不确定度是指用B类不确定度评定得到的测量不确定度。（　　）

【答案】错　解析：相对标准不确定度是指标准不确定度除以测得值的绝对值。

11. 计量授权是由政府计量行政主管部门依法赋予技术机构承担计量法规定的强制检定和其他检定、测试任务的一种授权。（　　）

【答案】对　解析：计量授权是由政府计量行政主管部门依法赋予技术机构承担计量法规定的强制检定和其他检定、测试任务的一种授权。

12. 当仪器的校准结果确认为符合要求时，其校准结果的不确定度可用于仪器测量结果的修正。（　　）

【答案】错　解析：校准结果的不确定度不能用于仪器测量结果的修正，修正值才能用于测量结果的修正。

13. 测量系统一般是由一台或多台测量仪器组装而成，试剂、电源等不属于测量系统范畴。（　　）

【答案】错　解析：测量系统是指一套组装的并适用于特定量在规定区间内给出测得值信息的一台或多台测量仪器，通常还包括其他装置，诸如试剂和电源。

三、多选题（每题2分，下列各题均有2个或2个以上备选答案符合题意，有错误选项不得分，选项正确但不完全的每个选项得0.5分，完全正确的得满分。）

※※第二节　试验检测技术术语※※

1. 测量结果的重复性条件应包括（　　）。

A. 相同的测量程序　　B. 相同的操作者

C. 相同的操作条件　　D. 相同的地点

【答案】ABCD　解析：重复性测量条件包括相同的测量程序、相同的操作者、相同的操作条件和相同的地点，并在短时间内对同一或相类似被测对象重复测量的一组测量条件。

2. 测量设备是为实现测量过程所必需的（　　）。

A. 测量仪器　　B. 标准物质

C. 辅助设备　　D. 测量标准

【答案】ABCD　解析：测量设备是为实现测量过程所必需的测量仪器、软件、测量标准、标准物质、辅助设备或其组合。

3. 对测量结果或测量仪器示值的修正可以采用的方式有（　　）。

A. 加修正值　　B. 乘修正因子

C. 给出中位值　　D. 通过修正曲线或修正值表计算

【答案】ABD　解析：修正是对估计的系统误差的补偿。补偿可取不同的形式，诸如加一个修正值或乘以一个修正因子，或从修正值表或修正曲线上得到。

4. 下列有关试验检测技术术语的描述正确的有（　　　　）。

A. 测量正确度是无穷多次重复测量所得量值的平均值与一个参考量值之间的一致程度，一般用非负数值表示

B. 测量准确度是被测量的测得值与其真值间的一致程度

C. 测量正确度与测量系统误差有关，与随机测量误差无关

D. 测量精密度是随机误差对测量结果的影响，精密度高表示随机误差小

【答案】BCD　解析：A答案正确说法是测量正确度是指无穷多次重复测量所得量值的平均值与一个参考量值之间的一致程度。测量正确度不是一个量，不能用数值表示。

5. 复现性测量条件是（　　　　），对同一或相类似被测对象重复测量的一组测量条件。

A. 不同地点　　　　B. 不同操作者

C. 不同数据处理方法　　　　D. 不同测量系统

【答案】ABD　解析：复现性测量条件是指不同地点、不同操作者、不同测量系统，对同一或相类似被测对象重复测量的一组测量条件。

6. 下列有关系统测量误差的描述正确的有（　　　　）。

A. 测得量值与参考量值之差称测量误差

B. 在重复测量中保持不变或按可预见方式变化的测量误差的分量称系统测量误差

C. 系统测量误差及来源已知时，可以采用修正值进行补偿

D. 系统测量误差包括样品制备不当产生的误差

【答案】ABC　解析：测量误差为测得的量值减去参考量值。系统测量误差是指在重复测量中保持不变或按可预见方式变化的测量误差的分量。系统测量误差及其来源可以是已知的或未知的，对于已知的系统测量误差可采用修正值补偿。D答案正确说法是样品制备不当产生的误差属于过失误差。

7. 以下术语中可以定量表示的是（　　　　）。

A. 测量准确度　　　　B. 测量正确度

C. 测量精密度　　　　D. 测量不确定度

【答案】ACD　解析：测量准确度指被测量的测得值与其真值间的一致程度。测量正确度指无穷多次重复测量所得量值的平均值与一个参考量值之间的一致程度。测量正确度不是一个量，不能用数值表示。测量精密度是在规定的条件下，对同一或类似被测对象重复测量所得示值或测得值间的一致程度。通常精密程度以数字形式表示。测量不确定度是根据所用到的信息，表征赋予被测量量值分散性的非负参数。

8. 关于标准物质的描述正确的有（　　　　）。

A. 可用于测量精密度控制　　　　B. 特定条件下可用于测量正确度控制

C. 在使用前须进行赋值　　　　D. 应具有足够均匀和稳定的特性

【答案】ABD　解析：标准物质是指具有足够均匀和稳定的特性物质，赋值或未赋值的标准物质都可用于测量精密度控制，只有赋值的标准物质才可用于校准或测量正确度控制。

9. 规范对某烘干试验要求的温度范围为105～110℃，经计量机构校准，所用烘箱设置温度为110℃时，

实际温度为108.5℃，温度波动度为±0.6℃。则开展试验时，对该烘箱的温度设置恰当的是（　　）。

A. 106.5℃　　B. 107.5℃

C. 110.8℃　　D. 111.5℃

【答案】BC　解析：温度偏差=真实-设定=108.5-110=-1.5℃。设为106.5℃时，真实=106.5-1.5=105℃，波动度为±0.6℃，不完全满足105~110℃要求。设为107.5℃时，真实=107.5-1.5=106℃，波动度为±0.6℃，完全满足105~110℃要求。以此类推BC选项满足要求。

10. 以下术语属于测量精密度范畴的有（　　）。

A. 测量准确度　　B. 测量正确度

C. 测量重复性　　D. 测量复现性

【答案】CD　解析：测量精密度用于定义测量重复性、期间测量精密度或测量复现性。

第七章 法定计量单位

速记宝典

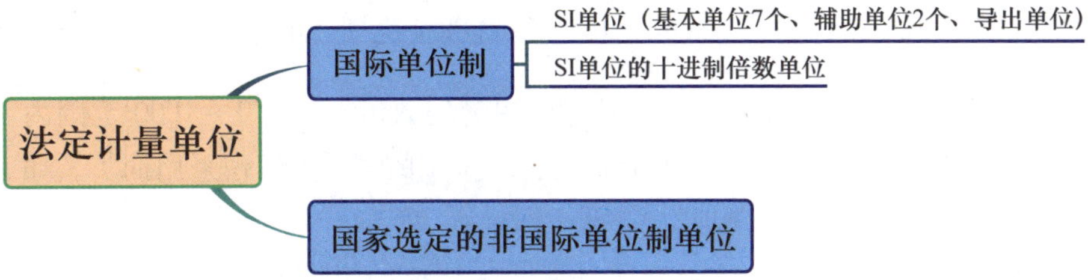

121. 国际单位制是我国法定计量单位的主体，一切属于国际单位制的单位都是我国的法定计量单位。国际单位制 SI 包括SI 单位、SI 倍数单位词头、SI 单位的十进制倍数单位。其中 SI 单位包括SI 基本单位、SI 辅助单位和 SI 导出单位。其中的 SI 导出单位又包括具有专门名称的 SI 导出单位和组合形式的 SI 导出单位两种。国际单位制的单位包括SI 单位以及 SI 单位的十进制倍数单位。

122. SI 基本单位共 7 个，量的名称、单位名称、单位符号分别为【长度、米、m】【质量、千克（公斤）、kg】【时间、秒、s】【电流、安［培］、A】【热力学温度、开［尔文］、K】【物质的量、摩［尔］、mol】【发光的强度、坎［德拉］、cd】，其中只有 A、K 是大写【速记口诀：物质长时光电热】。

SI 辅助单位有 2 个，分别是【平面角、弧度、rad】和【立体角、球面度、sr】。

123. SI 导出单位是用基本单位和（或）辅助单位以代数形式所表示的单位。具有专有名称的 SI 导出单位有【频率、赫［兹］、Hz】【力/重力、牛［顿］、N】【压力/压强/应力、帕［斯卡］、Pa】【电压/电动势/电位、伏［特］、V】【摄氏温度、摄氏度、℃】【光通量、流［明］、lm】【（光）照度、勒［克斯］、lx】。

单位名称的读法：

例 1：km/h 读“千米每小时”而不是“每小时千米”；

例 2：J/（kg · K）读“焦耳每千克开尔文”而不是“每千克开尔文焦耳”；

例 3：波数的单位符号是 m^{-1}，读“每米”而不是“负一次方米”。

“每”字都只出现一次，当长度的二次和三次幂分别表示面积和体积时，相应的指数名称为平方和立方，否则应称为二次方和三次方。m^3 表示体积时为立方米，表示断面系数时为三次方米。

124. SI 倍数单位词头主要有【10^{12}、太［拉］、T】【10^9、吉［咖］、G】【10^6、兆、M】【10^3、千、k】【10^{-3}、毫、m】【10^{-6}、微、μ】【10^{-9}、纳［诺］、n】【10^{-12}、皮［可］、p】。

词头用于构成 SI 单位的倍数单位，但不得单独使用。不能使用重叠词头，如只能写 nm，不能写 mμm。

与 SI 并用的我国法定计量单位主要有【分、min】【［小］时、h】【日（天）、d】【升、L（l）】【吨、t】【海里、nmile】【节、kn】【特克斯、tex】$1° = (\pi/180)$ rad。

125. 选用 SI 单位的倍数单位，一般应使用量的数值处于 0.1～1000 范围内。组合单位最好只使用一个词头，而且尽可能是组合单位中的第一个单位采用词头。如力矩的单位 kN·m，不宜写成 N·km。

只通过相除构成的组合单位，或通过乘和除构成的组合单位，分母中一般不用词头，但质量单位 kg 在分母中时例外。

当组合单位是由两个或两个以上的单位相乘时，可采用 N·m。当用单位相除的方法构成组成单位时，可采用 m/s、$m \cdot s^{-1}$、$\frac{m}{s}$。单位符号中的斜线（/）不得超过一条，复杂时可使用负指数或加括号。

单位的中文符号（对比上面的英文符号）：由两个或两个以上单位相乘所构成的组合单位，加居中圆点，如牛·米；单位相除构成的组合单位，可采用下列形式之一：米/秒、米·秒$^{-1}$、$\frac{米}{秒}$。

单位与词头的名称，一般只宜在叙述性文字中使用，单位名称和单位符号都必须各作为一个整体使用，不得拆开。可用汉字与单位的符号构成组合形式的单位，如元/d。

【第七章】学员笔记　　「信心来自实力，实力来自勤奋」

真题汇编

一、单选题（每题1分）

※※第一节　国际单位制※※

1. 以下（　　）组的符号全部为国际单位的基本单位。

A. mol　cd　M　K

B. m　s　A　℃

C. A　K　m　kg

D. t　N　MPa　m

【答案】C　解析：解析：国际单位制SI基本单位符号共7个，包括m、kg、s、A、K、mol、cd。见表7-1。

表7-1　基本量和基本单位的名称和符号

量的名称	单位名称	单位符号
长度	米	m
质量	千克（公斤）	kg
时间	秒	s
电流	安［培］	A
热力学温度	开［尔文］	K
物质的量	摩［尔］	mol
发光的强度	坎［德拉］	cd

2. 10^{12}的SI倍数单位词头符号是（　　）。

A. G

B. M

C. T

D. P

【答案】C　解析：10^{12}的SI倍数单位词头是太［拉］，符号是T。见表7-2。

表7-2　SI倍数单位词头

所表示的因数	词头名称	词头符号	所表示的因数	词头名称	词头符号
10^{18}	艾［可萨］	E	10^{-1}	分	d
10^{15}	拍［它］	P	10^{-2}	厘	c
10^{12}	太［拉］	T	10^{-3}	毫	m
10^{9}	吉［咖］	G	10^{-6}	微	μ
10^{6}	兆	M	10^{-9}	纳［诺］	n
10^{3}	千	k	10^{-12}	皮［可］	p
10^{2}	百	h	10^{-15}	飞［母托］	f
10^{1}	十	da	10^{-18}	阿［托］	a

3. 以下属于 SI 辅助单位的是（　　）。

A. 帕斯卡　　B. 伏特

C. 球面度　　D. 开尔文

【答案】C　解析：SI 辅助单位有 2 个，分别是【平面角、弧度、rad】和【立体角、球面度、sr】。

4. 以下量和单位的名称，对应正确的是（　　）。

A. 发光强度，坎德拉　　B. 应力，牛顿

C. 照度，流明　　D. 热力学温度，摄氏度

【答案】A　解析：量的名称与单位名称对应关系：B 答案是应力对应帕斯卡；力或重力对应牛顿；C 答案是照度对应勒克斯；光通量对应流明；D 答案是热力学温度对应开尔文；摄氏温度对应摄氏度。

5. 以下单位换算不正确的是（　　）。

A. $1\text{MPa}=10^6\text{Pa}$　　B. $1'=60''$

C. $1\text{kJ}=10^3\text{N}\cdot\text{m}$　　D. $1\text{rad}=180°$

【答案】D　解析：D 答案正确说法是 $1°=(\pi/180)$ rad，即 $1\text{rad}=(180/\pi)°$。

二、判断题（每题 1 分）

※※第一节　国际单位制※※

1. SI 是国际单位的通用符号，目前国际单位制为 7 个基本单位，即长度、质量、时间、电流、热力学温度、物质的量、发光强度，其单位符号分别为 m、kg、s、a、k、mol、cd。（　　）

【答案】错　解析：电流和热力学温度的正确符号应为大写 A、K。

三、多选题（每题 2 分，下列各题均有 2 个或 2 个以上备选答案符合题意，有错误选项不得分，选项正确但不完全的每个选项得 0.5 分，完全正确的得满分。）

※※第一节　国际单位制※※

1. 我国允许使用的计单位是国家法定计量单位，下列说法正确的是（　　）。

A. 国家法定计量单位包括国际单位制单位

B. 国家法定计量单位包括国家选定的非国际单位制单位

C. 国家法定计量单位包括 SI 导出单位

D. 国家法定计量单位的名称、符号由国务院公布

【答案】ABCD　解析：我国计量法规定国际单位制计量单位和国家选定的其他计量单位，为国家法定计量单位。国家法定计量单位的名称、符号由国务院公布。国际单位制 SI 单位包括 SI 基本单位、SI 辅助单位、SI 导出单位。

2. SI 单位包括（　　）。

A. SI 基本单位　　B. SI 辅助单位

C. SI 换算单位　　D. SI 导出单位

【答案】ABD　解析：SI 单位包括 SI 基本单位、SI 辅助单位和 SI 导出单位。

3. 有一块接线极，其标注额定电压和电流容量时，下列表示中恰当的是（　　　　）。

A. 180～240V，5～10A
B. 180V～240V，5A～10A
C. （180～240）V，（5～10）A
D. （180～240）伏［特］，（5～10）安［培］

【答案】BC　解析：没括号都要加符号，有括号符号加外面。

4. 以下单位符号的写法正确的有（　　　　）。

A. 千克：Kg
B. 毫米：MM
C. 赫兹：Hz
D. 勒克斯：lx

【答案】CD　解析：A 答案应为千克，kg；B 答案应为毫米，mm。

5. 属于我国法定计量单位的有（　　　　）。

A. 吨，t
B. 特克斯，tex
C. 节，kn
D. 亩，mu

【答案】ABC　解析：ABC 都是与 SI 并用的我国法定计量单位。

※※第二节　SI 单位及其倍数单位的应用※※

1. 以下关于计量单位书写的描述正确的有（　　　　）。

A. 计量单位及词头的名称不得在叙述性文字中使用
B. 计量单位名称及其符号应各作为一个整体使用，不得拆开
C. 当需要使用计量单位的复数时，可在其符号加 s，以示区别
D. 可以使用汉字与计量单位的符号构成组合形式的计量单位

【答案】BD　解析：单位符号的使用规则：（1）单位与词头的名称，一般只宜在叙述性文字中使用。（2）单位名称和单位符号都必须各作为一个整体使用，不得拆开。（3）单位符号后不得加省略点，也无复数形式。（4）可用汉字与单位的符号构成组合形式的单位。（5）优先采用本章各表中给出的符号。

第八章　数值修约规则与极限数值的表示与判定、测量误差与测量不确定度

速记宝典

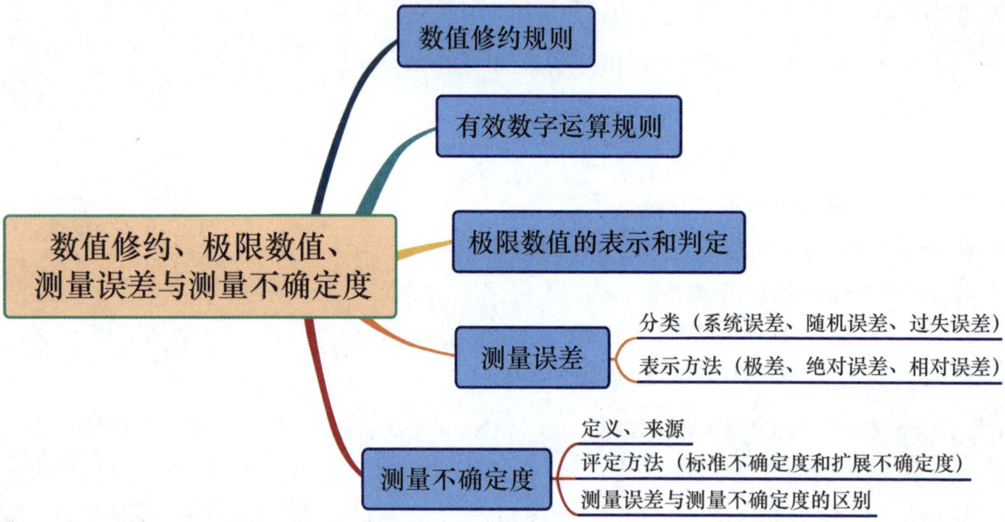

【数值修约】

126. 记忆口诀：【四舍六入五考虑，五后非零则进一，五后皆零看奇偶，奇进偶舍不连续，负数修约绝对值】

例题：135 修约至十位数为 140；145 修约至十位数为 140；12. 1498 修约到一位小数为 12. 1 或 121×10^{-1}；1268 修约到百位数为 13×10^{2}；1. 050 修约间隔为 0. 1，修约值为 10×10^{-1}；0. 35 修约间隔为 0. 1，修约值为 4×10^{-1}；－355 修约间隔为 10，修约值为 -36×10；97. 46 修约到个位为 97。

127. 0. 5 单位修约：指按指定修约间隔对拟修约的数值 0. 5 单位进行的修约。方法是将拟修约数值 X 乘以 2，按指定修约间隔对 $2X$ 修约，所得数值再除以 2。

例题：将下列数字修约到个数位的 0. 5 单位修约：60. 25→120. 50→120→60. 0；

60. 38→120. 76→121→60. 5； -60. 75→-121. 50→-122→-61. 0。

0. 2 单位修约：指按指定修约间隔对拟修约的数值 0. 2 单位进行的修约。方法是将拟修约数值 X 乘以 5，按指定修约间隔对 $5X$ 修约，所得数值再除以 5。

例题：将下列数字修约到百数位的 0. 2 单位修约：830→4150→4200→840；842→4210→4200→840； -930→-4650→-4600→-920。

128. 有效数字：从一个数的左边第一个非 0 数字起到末位数字止，所有的数字都是这个数的有效数字。

例题：0. 1001 的有效数字为 1001 四个有效数字；10000 的有效数字为 10000 五个有效数字；0. 0010500 的有效数字为 10500 五个有效数字；2.108×10^5 的有效数字为 2108 四个有效数字。将下列数值修约为 4 位有效数字：0. 53664→0. 5366；16. 4005→16. 40；0. 153050→0. 1530；1. 305500→1. 306；0. 326552→0. 3266。

129. 加减运算：当几个数据相加或相减时，它们的小数点后的数字位数及其和或差的有效数字的保留，应以小数点后位数最少（即绝对误差最大）的数据为依据。

例题：$1.03+30.212+2.06783=1.03+30.21+2.07=33.31$。

乘除运算：几个数据相乘相除时，各参加运算数据所保留的位数，以有效数字位数最少的为标准，其积或商的有效数字也依此为准。

例题：$0.0121\times30.64\times2.05782=0.0121\times30.6\times2.06=0.763$。

【极限数值】

130. 极限数值：指标准（或技术规范）中规定考核的以数量形式给出且符合该标准（或技术规范）要求的指标数值范围的界限值。基本数值 A 带有绝对极限上偏差值 $+b_1$ 和绝对极限下偏差值 $-b_2$，指从 $A-b_2$ 到 $A+b_1$，记为 $A^{+b_1}_{-b_2}$，当 $b_1=b_2=b$ 时，可简记为 $A\pm b$。例题：80^{+2}_{-1}mm 指从 79mm 到 82mm 符合要求；80^{+2}_{-1}（不含 2）mm 指从 79mm 到接近但不足 82mm 符合要求，即包含 79mm，不包含 82mm。

131. 极限数值比较的方法可采用全数值比较法、修约值比较法。当标准或有关文件对极限值无特殊规定时，均应使用全数值比较法，如规定采用修约值比较法，应在标准中加以说明。全数值比较法：不经修约处理，只要超出极限数值规定的范围（无论超出程度大小），都判定为不符合要求。修约值比较法：进行修约，修约数位应与规定的极限数值数位一致。对同样的极限数值，若它本身符合要求，则全数值比较法比修约值比较法相对较严格。

【测量误差与测量不确定度】

132. 大量实践表明，一切试验测量结果都具有测量误差。根据误差产生的原因，按照误差的性质，可以把测量误差分为系统误差、随机误差和过失误差。

【系统误差】指人机系统产生的误差，测量结果总是朝一个方向偏离，其绝对值大小和符号保持恒定，或按一定规律变化，也称为恒定误差。产生原因包括仪器误差、人为误差、外界误差、方法误差、试剂误差【口诀：外人试衣房】。系统误差的出现是有规律的，其产生原因往往是可知的或可掌握的。只要仔细观察和研究各种系统误差的具体来源，就可设法消除或降低其影响。

133. 【随机误差】是由不能预料、不能控制的原因造成的，如试验者对仪器最小分度值的估读很难每次严格相同；测量仪器的某些活动部件所指示的测量结果很难每次完全相同；测量结果与室温、气压和湿度也有一定的关系。随机误差的出现完全是偶然的，无规律性，也称为偶然误差。随机误差具有统计规律性，即服从于正态分布。

【过失误差】也称错误，是一种与事实不符的显然误差。这种误差是由于试验者粗心，不正确的操作或测量条件突然变化所引起的，如仪器放置不稳、受外力冲击产生毛病；测量时读错数据、记错数据；数据处理时单位搞错、计算出错等。过失误差在试验过程中是不允许的。

134. 精密度表示测量结果的重演程度，精密度高表示随机误差小；

准确度指测量结果的正确性，准确度高表示系统误差小；

精确度（又称精度）包含精密度和准确度两者的含义，精确度高表示测量结果既精密又可靠。

误差的表示方法有3种：极差、绝对误差、相对误差。极差是指测量最大值与最小值之差，极差可以粗略地说明数据的离散程度，既可以表征精密度，也可以用来估算标准偏差。绝对误差是指测量值与真值之差。绝对误差反映测量的准确度，同时含有精密度的意思。相对误差是指绝对误差与真值的比值，一般用百分数表示。相对误差既反映测量的准确度，又反映测量的精密度。精确度与测量数据本身的大小也有关系，采用相对误差更合理。

135. 测量不确定度：根据所用到的信息，表征赋予被测量量值分散性的非负参数。测量结果会受许多因素的影响，测量方法包括测量原理、测量仪器、测量环境条件、测量程序、测量人员以及数据处理方法等。测量的不确定度表示在重复性或复杂性条件下，被测量值的分散性，测量不确定度仅与测量方法有关，而与具体测得的数值大小无关。测量不确定度越大，表示测量能力越差，分散程度越大。测量不确定度的来源包括被测量的定义不完整、复现被测量的测量方法不理想、取样的代表不够、对测量过程受环境影响的认识不恰如其分或对环境参数的测量与控制不完善、对测量仪表的读数存在人为的偏倚、测量仪器的计量性能的局限性、测量标准或标准物质的不确定度、引用的数据或参数的不确定度、测量方法和测量程序的近似和假设、在相同条件下被测量在复现观测中的变化。测量中可能导致不确定的来源很多，主要原因是由测量设备、测量人员、测量方法和被测对象的不完善引起的。

136. 测量不确定度按照评定方法分为标准不确定度和扩展不确定度，标准不确定度又分为A类、B类以及合成标准不确定度。其中A类评定指对观测列进行统计分析的方法进行的评定，其标准不确定度用试验标准差表征。凡是用非统计方法评定出的标准不确定度都是B类标准不确定度，与随机或系统没有对应关系。所有与A类评定不同的其他评定方法均为B类评定，其标准不确定度以标准差表示。B类评定的依据可以是可靠的说明书、检定证书或校准证书、测试报告等相关技术资料，也可以是测试人员的个人技术经验和知识。往往会在一定程度上带有某种主观的因素，受主观因素影响较大。A类和B类标准不确定度的评定方法虽然不同，但它们是处于同等地位的。无论采用A类评定或B类评定，最后都用标准偏差来表示标准不确定度，并且合成不确定度时，两者的合成方法相同。

137. 合成标准不确定度：当测量结果是由若干个其他量的值求得时，按其他各量的方差和协方差计算所得的标准不确定度。合成标准不确定度表征了测量结果的分散性，所用的合成方法称为不确定度传播律，合成不确定度的自由度称为自由度，它表明所评定的可靠程度，它与评定得到的不确定度的相对标准不确定度有关。用合成不确定度的倍数表示的测量不确定度称为扩展不确定度。方差是标准不确定度的平方，不确定度是近真值的可能误差的量度。不确定度越小，测量结果越准确；不确定度越大，表示测量能力越差，分散程度越大。测量结果是通过测量得到的被测量的最佳估计值，合格与否的判定与不确定度的情况有关，合格度与不合格度的大小与估计的测量结果的扩展不确定度有关。只有当测量结果全部处于扩展不确定度区域的外侧时，才能判定其测量结果为不合格。

138. 测量误差与测量不确定度的主要区别：误差表示测量结果对真值的偏离量，在数轴上表示为一个点，而测量不确定度表示被测量值的分散性，在数轴上表示一个区间。误差的概念和真值相联系，是无法测得的，而不确定度可根据实验、资料、经验等信息进行评定，是可以定量操作的。测量不确定度仅与测量方法有关，而与具体测的数值大小无关。测量结果的误差仅与测量结果以及真值有关，而与测量方法无关。测量结果的误差与测量结果的不确定度两者在数值上没有确定的关系。测量得到的误差肯定会有不确定度，评定得到的不确定度可能存在误差。自由度与评定得到的不确定度的相对标准不确定度有关，而误差则没有自由度的概念。置信区间的半宽度可以用来表示不确定度，而误差不存在置信概率的概念。常用不确定度的评定方法有精密度法、控制图法、线性拟合法、经验模型法。

【第八章】学员笔记　　「学习是灯，努力是油，要想灯亮必须加油」

真题汇编

一、单选题（每题1分）

※※第一节　数值修约规则※※

1. 下列选项中，关于数字修约规则的叙述不正确的一项是（　　）。

A. 不允许连续修约　　B. 界限数值满足四舍五入法则

C. 四舍六入、奇进偶舍法则　　D. 记录测量值时，末位数字为估计数字

【答案】B　解析：数值修约规则：四舍六入五考虑、五后非零则进一、五后皆零看奇偶、奇进偶舍不连续、负数修约绝对值。

2. 将数据51.25、60.38、40.29、－30.75进行0.5单位修约，修约到“个”位数，结果正确的是（　　）。

A. 51.0　60.5　40.5　－31.0　　B. 51.0　60.0　40.0　－31.0

C. 51.0　60.0　40.0　－30.5　　D. 51.5　60.5　40.0　－31.0

【答案】A　解析：0.5单位的修约是先将修约数值 X 乘以2，按指定修约间隔对 $2X$ 修约，所得数值（$2X$ 修约值）再除以2。

3. 如果极限值为16.5～17.5mm，则下列数据中0.1单位修约后符合极限要求的是（　　）。

A. 16.45　　B. 17.51

C. 17.57　　D. 16.25

【答案】B　解析：数值修约规则：四舍六入五考虑、五后非零则进一、五后皆零看奇偶、奇进偶舍不连续、负数修约绝对值。按照0.1单位修约即保留一位小数。

4. $1.032 \times 2.12 \times 0.65737$ 的积计算正确的是（　　）。

A. 1.4346　　B. 1.434

C. 1.435　　D. 1.43

【答案】D　解析：乘除运算中，以有效数字位数最少的为标准，其积或商的有效数字也以此为准。2.12是三位有效数字最少，$1.03 \times 2.12 \times 0.657 = 1.43$。

5. $60.4 + 2.02 + 0.222 + 0.0467 =$（　　）。

A. 62.68　　B. 62.685

C. 62.686　　D. 62.6

【答案】D　解析：加减运算中，当几个数据相加或相减时，它们的小数点后的数字位数及其和或差的有效数字的保留，应以小数点后位数最少（即绝对误差最大）的数据为依据。即 $60.4 + 2.0 + 0.2 + 0.0 = 62.6$。

6. 下列数字中有效数字位数最少的是（　　）。

A. 0.2350　　B. 2.0350

C. 0.0235　　D. 2350.0

【答案】C　解析：有效数字是指从左方第 1 个非 0 数字起，到末尾数字为止，所有的数字都是这个数的有效数字。不取决于小数点的位置。

7. 下列按照 4 位有效数字进行修约，结果不正确的是（　　）。

A. 5.25749→5.258　　B. 5.25750→5.258

C. 5.25751→5.258　　D. 5.25850→5.258

【答案】A　解析：数值修约规则：四舍六入五考虑、五后非零则进一、五后皆零看奇偶、奇进偶舍不连续、负数修约绝对值。A 应该是：5.25749→5.257。

※※第二节　极限数值的表示和判定※※

1. 由下列一组实测值得出“报出值”，“报出值”多保留 1 位，并将其修约到个位数，表达正确的是（　　）。

序号	实测值	报出值	修约值
①	15.4726	15.5 -	16
②	25.5462	25.5 +	26
③	-18.5201	-18.5 +	-18
④	-14.5000	-14.5	14

A. ①②③④　　B. ①③

C. ②③　　D. ②

【答案】D　解析：①的修约值应该是 15；③的修约值应该是 -19；④的修约值应该是 -14。

2. 对特定的考核指标 X，关于极限值范围的表述与相应的符号表示一致的是（　　）。

A. 不大于 A，$X<A$　　B. 大于或等于 A，$\geqslant A$

C. 大于 A 且小于 B，$X>A<B$　　D. 从 A 到 B，$A\leqslant X\leqslant B$

【答案】D　解析：A 答案应该是 $X\leqslant A$，B 答案应该是 $X\geqslant A$，C 答案应该是 $A<X<B$。

※※第三节　测量误差与测量不确定度※※

1. （　　）是数据中最大值和最小值之差。

A. 标准差　　B. 系统误差

C. 极差　　D. 偶然误差

【答案】C　解析：极差是指测量最大值与最小值之差。

2. 测量不确定度是与测量结果相关联的参数，表示合理的赋予被测量值的（　　）。

A. 分散性　　B. 偏差

C. 误差　　D. 变异性

【答案】A　解析：测量不确定度是根据所用到的信息，表征赋予被测量量值分散性的非负参数。

3. 一台准确度等级为 2.5 级的电流表，其满量程值为 100A，某次测量中对其输入 50A 的标准电流，其示值为 52A，则此次测量中电流表的相对误差为（　　）。

A. -2.5%　　B. 2%

C. 2.5%　　D. 4%

【答案】D　解析：绝对误差是指测量值与真值间的差异，相对误差是指绝对误差与真值的比值，(52-50)/50=4%。

4. 下列关于测量不确定度的表述，正确的是（　　）。

A. 测量不确定度应为非负值

B. 测量不确定度用于表征测量结果偏离被测量的程度

C. 测量不确定度越大，说明测量结果的分散程度越小

D. 测量误差应作为一个分量，参与测量不确定的评定

【答案】A　解析：测量不确定度是根据所用到的信息，表征赋予被测量量值分散性的非负参数。通常不确定度由多个分量组成，测量不确定度表示在重复性或复杂性条件下，被测量之值的分散性，因测量不确定度仅与测量方法有关，而与具体测得的数值大小无关。C 答案正确说法是测量不确定度越大，说明测量结果的分散程度越大。

5. 下列有关误差的说法正确的是（　　）。

A. 多次测量可以减少偶然误差　　B. 多次测量可以消除系统误差

C. 多次测量可以减少系统误差　　D. 多次测量可以消除偶然误差

【答案】A　解析：随机误差也称为偶然误差，当进行很多次重复测定时，就会发现偶然误差具有统计规律性，即服从于正态分布。绝对值相同的正负随机误差出现的概率大致相等，因此它们之间常能互相抵消，所以可以通过增加平行测定的次数取平均值的办法减小随机误差。

6. 关于误差和测量不确定度，下列说法不正确的是（　　）。

A. 误差在数轴上是一个点，而不确定度是一个区间

B. 误差只能估计，不确定度可以评定

C. 测量不确定度有自由度而误差没有

D. 可通过误差推算测量不确定度

【答案】D　解析：误差表示测量结果对真值的偏离量，在数轴上表示一个点。而测量不确定度表示被测量之值的分散性，在数轴上表示一个区间。在测量结果中我们只能得到随机误差和系统误差的估计值；而不确定度则是根据对标准不确定度的评定方法不同而分成 A 类评定和 B 类评定两类。自由度是表示测量不确定度评定可靠程度的指标，它与评定得到的不确定度的相对标准不确定度有关，而误差则没有自由度的概念。D 答案正确说法是误差和不确定度是两个不同的概念，测量得到的误差肯定会有不确定度。反之也是一样，评定得到的不确定度可能存在误差。

7. 进行能力验证数据处理时，一组数据 6.0、5.0、3.0、4.0、2.0、1.0 的中位数是（　　）。

A. 3.0　　B. 4.0

C. 3.5　　D. 4.5

【答案】C　解析：中位数是指将一组数据按照由小到大（或由大到小）的顺序排列，如果数据的个数为奇数，则称处于中间位置的数为这组数据的中位数；如果数据的个数是偶数，则称中间两个数据的平均数为这组数据的中位数。

8. 对被测量进行了 5 次独立重复测量，得到以下测量值：0.41mm、0.42mm、0.40mm、0.45mm、0.42mm，则被测量的最佳估计值为（　　）。

A. 0.41mm　　B. 0.42mm

C. 0.43mm　　D. 0.44mm

【答案】B　解析：取平均值（0.41 +0.42 +0.4 +0.45 +0.42）/5 =0.42。

9. 下列关于随机误差说法正确的是（　　）。

A. 随机误差是可以修正的　　B. 随机误差在实验过程中是不允许的

C. 随机误差的原因是可以预测和控制的　　D. 随机误差通常服从正态分布

【答案】D　解析：随机误差是由不能预料、不能控制的原因造成的，随机误差的出现完全是偶然的，无规律性，具有统计规律性，即服从于正态分布。

10. 在重复性条件下，用温度计对某实验室的温度重复测量了 16 次，通过计算得到其实验标准偏差为 0.44℃，若以 16 次结果的平均值作为测量结果，则由重复性引入的标准不确定度是（　　）。

A. 0.11℃　　B. 0.22℃

C. 0.44℃　　D. 0.88℃

【答案】A　解析：A 类评定是指用对观测列进行统计分析的方法进行的评定，其标准不确定度用实验标准差表征。n 次平均值作为测量结果的标准差 = 实验标准差/$\sqrt{n}$，选 A。

11. 某标准要求测距仪的最大允许误差为 MPE：±0.01mm，某测距仪校准证书显示“示值误差为：11μm，测量不确定度为：$U=5\mu m$，$k=2$”，则依据该标准，此测距仪（　　）。

A. 不合格　　B. 合格

C. 无法确定是否合格　　D. 须修正后使用

【答案】C　解析：示值误差考虑测量不确定度的范围是（11 ±5）μm，即 6 ~16μm，因为最大允许误差是 ±0.01mm，即 ±10μm，没有完全进入最大允许误差的范围，所以无法确定是否合格。

二、判断题（每题 1 分）

※※第二节　极限数值的表示和判定※※

1. 全数值比较法比修约值比较法相对严格，所以全数值比较判定为不合格的，修约值比较可能判定为合格，全数值比较判定为合格的，修约值比较肯定判定为合格。（　　）

【答案】错　解析：对测定值或其计算值与规定的极限数值采用全数值比较法和修约值比较法时，存在前者符合后者也符合、前者符合后者不符合、前者不符合后者也不符合、前者不符合后者符合，并没有规律。对同样的极限数值，若它本身符合要求，则全数值比较法比修约值比较法相对较严格。

※※第三节　测量误差与测量不确定度※※

1. 大量的实践证明一切测量结果都存在误差。（　　）

【答案】对　解析：大量实践表明，一切试验测量结果都具有这种误差。

2. 随机误差是由不能预料、不能控制的原因造成。（　）

【答案】对　解析：随机误差是由不能预料、不能控制的原因造成的。

3. 同一个量在重复条件下测量结果不同时的不确定度是不同的。（　）

【答案】错　解析：测量不确定度仅与测量方法有关，而与具体测得的数值大小无关。

4. 测量误差和不确定度都是可根据试验、资料、经验等信息进行评定，是可以定量操作的。（　）

【答案】错　解析：误差的概念和真值相联系，是无法测得的；而不确定度可根据试验、资料、经验等信息进行评定，是可以定量操作的。

5. 系统误差的出现是有规律的，其产生原因往往可知或可掌握，通过仔细观察和研究各种系统误差的来源，是可以设法消除或降低其影响的。（　）

【答案】对　解析：一般地说，系统误差的出现是有规律的，其产生原因往往是可知的或可掌握的。只要仔细观察和研究各种系统误差的具体来源，就可设法消除或降低其影响。

6. B 类不确定度的依据是可靠的说明书、校检证书、测试报告等技术资料，不可以依靠个人的技术经验和知识。（　）

【答案】错　解析：B 类不确定度的评定依据可以是可靠的说明书、检定证书或校准证书、测试报告等相关技术资料，也可以是测试人员的个人技术经验和知识。

7. 无论 A 类还是 B 类不确定度，最后均用标准差来表示标准不确定度，但合成不确定度时两者的合成方法不同。（　）

【答案】错　解析：无论采用 A 类评定或 B 类评定，最后均用标准偏差来表示标准不确定度，并且合成不确定度时，两者的合成方法相同。

8. 置信区间的半宽度既可以用来表示测量不确定度也可以用来表示测量误差。（　）

【答案】错　解析：当了解被测量的分布时，可以根据置信概率求出置信区间，而置信区间的半宽度则可以用来表示不确定度，而误差则不存在置信概率的概念。

9. 测量精密度越高，测量准确度越高。（　）

【答案】错　解析：精密度表示测量结果的重演程度，精密度越高表示随机误差越小；准确度指测量结果的正确性，准确度越高表示系统误差越小。

10. 多次重复测量求平均值的方法，可以减少测量结果的系统误差影响。（　）

【答案】错　解析：多次重复测量求平均值的方法，可以减少测量结果的随机误差影响。

11. 测量误差是由测量中存在的错误或过失引起的。（　）

【答案】错　解析：测量误差分为系统误差、过失误差、随机误差。其中过失误差是由测量中存在的错误或过失（试验者粗心、不正确的操作、测量条件突然变化）引起的。

12. 测量结果的误差与测量结果的不确定度在数值上没有确定关系。（　）

【答案】对　解析：测量结果的误差与测量结果的不确定度两者在数值上没有确定的关系。

13. 测量不确定度只能进行定性分析，无法进行定量计算。　（　）

【答案】错　解析：测量不确定度表征赋予被测量量值分散性的非负参数，可进行定量计算。

三、多选题（每题2分，下列各题均有2个或2个以上备选答案符合题意，有错误选项不得分，选项正确但不完全的每个选项得0.5分，完全正确的得满分。）

※※第一节　数值修约规则※※

1. 数字修约规则说法正确的是（　　）。

A. 若被舍弃部分的最左一位数字小于5，则舍去以后保留其余各位数字不变

B. 若被舍弃部分的最左一位数字大于5，则舍去以后保留数字末位数加1

C. 对拟修约的数字不允许连续修约

D. 0.2单位修约是将拟修约的数字乘以2，再按规定修约

【答案】ABC　解析：数值修约规则为四舍六入五考虑、五后非零则进一、五后皆零看奇偶、奇进偶舍不连续、负数修约绝对值。D答案正确说法是：0.2单位修约是将拟修约的数值乘以5，再按规定修约，所得数值再除以5。

2. 以下关于数值修约的描述，正确的有（　　）。

A. 将12.500修约到个位数，结果是12

B. 0.001230的有效数字位数为3位

C. 对97.46进行间隔为1的修约，结果应为98

D. 对小数位不相同的两个数字进行加减运算，结果的小数点保留位数应以小数位少的数字为依据

【答案】AD　解析：数值修约规则为四舍六入五考虑、五后非零则进一、五后皆零看奇偶、奇进偶舍不连续、负数修约绝对值。B答案0.001230的有效数字为4位；C答案对97.46进行间隔为1的修约，即保留到个位数结果应为97。

※※第二节　极限数值的表示和判定※※

1. 假设极限数值为≥87.0，采用修约值比较法，下列测定值中（　　）可判定为合格。

A. 87.00　　B. 87.01

C. 86.96　　D. 86.94

【答案】ABC　解析：修约值位数应与规定的极限数值位数一致，即保留一位小数。ABC答案都是修约为87.0，判定为合格；D答案修约为86.9，判定为不合格。

2. 测定值或其计算值与规定的极限数值的比较方法有（　　）。

A. 全数值比较法　　B. 修约值比较法

C. 平均值比较法　　D. 差值比较法

【答案】AB　解析：测定值或其计算值与标准规定的极限数值比较的方法可采用全数值比较法、修约值比较法。

※※第三节 测量误差与测量不确定度※※

1. 系统误差的来源有（　　）。

A. 仪器误差　　B. 环境误差

C. 方法误差　　D. 人为误差

E. 过失误差

【答案】ABCD　解析：系统误差产生的主要原因有仪器误差、人为误差、外界误差（环境误差）、方法误差、试剂误差。

2. 误差就其性质而言，可分为以下几种：（　　）。

A. 系统误差　　B. 随机误差

C. 综合误差　　D. 过失误差

【答案】ABD　解析：根据误差产生的原因，按照误差的性质，可以把测量误差分为系统误差、过失误差和随机误差。

3. 测量不确定度与测量方法有关，测量方法应包括：（　　）。

A. 测量原理　　B. 测量仪器

C. 被测量值的大小　　D. 测量程序

E. 数据处理方法

【答案】ABDE　解析：测量结果会受许多因素的影响，测量方法包括：测量原理、测量仪器、测量环境条件、测量程序、测量人员以及数据处理方法等。

4. 测量不确定度按照评定方法分为（　　）。

A. A类不确定度　　B. B类不确定度

C. 标准不确定度　　D. 扩展不确定度

【答案】CD　解析：测量不确定度按照评定方法分为标准不确定度和扩展不确定度。

5. 为了表示误差，工程上引入了精密度、准确度和精确度的概念，根据这些概念，误差的表示方法有（　　）。

A. 极差　　B. 绝对误差

C. 相对误差　　D. 随机误差

【答案】ABC　解析：为了表示误差，工程上引入了精密度、准确度和精确度的概念，根据这些概念，误差的表示方法有极差、绝对误差、相对误差3种。

6. 用游标卡尺对一个标称值为 x_0 的量块进行测量，测得值为 x，则对测量误差的表示正确的有（　　）。

A. $x - x_0$　　B. $|x - x_0|$

C. $(x - x_0)/x_0$　　D. $|x - x_0|/x$

【答案】AC　解析：误差的表示方法有极差、绝对误差和相对误差3种。其中绝对误差是指测量值与真值间的差异，即答案A；相对误差是指绝对误差与真值的比值，一般用百分数表示，即答案C。

7. 测量结果的不确定度小，表明（　　　　）。

A. 测量结果接近真值　　B. 测量结果准确度高

C. 测量值的分散性小　　D. 测量结果可能值所在的区间小

【答案】BCD　解析：误差表示测量结果对真值的偏离量，在数轴上表示为一个点；测量不确定度表示被测量值的分散性，在数轴上表示一个区间。不确定度是近真值的可能误差的量度，不确定度越小，测量结果越准确。

第九章　能力验证

速记宝典

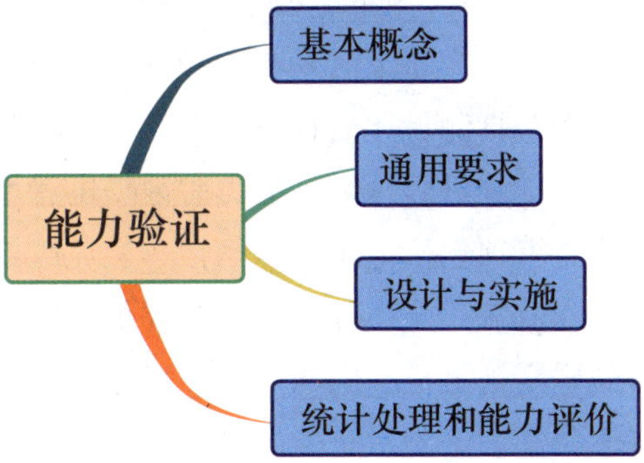

139. 能力验证是指利用实验室间比对，按照预先制定的准则评价参加者能力的活动，实际上它是为确保实验室维持较高的校准和检测水平而对其能力进行考核、监督和确认的一种验证活动。实验室间比对是按照预先规定的条件，由两个或多个实验室对相同或类似检测物品进行测量或检测的组织、实施、评价。能力验证是用于特定目的的实验室间比对，用于评价实验室具有特定检测、校准和检测能力的实验室间比对，统称为能力验证。能力验证属于合格评定的范畴，常用的评价指标是能力评定标准差。能力评定标准差是基于可用信息，用于能力评估的离散型度量，即能力验证中实验室偏倚的大小。测量审核是能力验证的一种特殊形式，也称为一对一能力验证计划。能力验证活动的常用类型有定量计划、定性计划、顺序计划、同步计划、单个计划、连续计划、抽样、数据转换和解释。

140. 离群值可能来源于不同的总体，或由于不正确的记录或其他粗大误差的结果。稳健统计方法是指对给定概率模型假定条件的微小偏离不敏感的统计方法。标准差只适用于比例尺度和定距尺度的结果。并非所有的能力验证计划都根据结果的分散性进行评价。能力验证提供者不应将能力验证计划的策划工作、能力评定、最终报告的批准分包。统计设计涵盖能力验证计划数据的策划、收集、分析和报告等过程。校准领域的能力验证计划的指定值应具有计量溯源性和测量不确定度。参加者向能力验证提供者提供的所有信息都应视为保密信息。质量方针声明应由最高管理者授权发布，能力验证提供者应将分包或可能分包的服务提前以书面的形式通知参加者。

141. 能力验证提供者应通过利用质量方针、质量目标、审核结果、数据分析、纠正措施、预防措施和管理评审来持续改进管理体系的有效性。纠正措施程序应从确定问题根本原因的调查开始。纠正措施应与问题的严重程度和风险大小相适应。仅在识别出问题严重或对能力验证计划有危害时，才有必要进行附加审核。预防措施程序应包括措施的启动和控制，以确保其有效性。质量记录应包括内部审核报告和管理评审报告以及纠正措施和预防措施的记录。内部审核人员应独立于被审核的活动。随着参加者逐渐熟悉能力验证计划或者方法得到改进，实验室间标准差会随时间而减小。

142. 能力验证计划是指在检测、测量、校准或检验的某个特定领域，设计和运作一轮或多轮次能力验证。实验室能力验证活动有 3 种基本类型：定量的、定性的、解释性的。实验室能力验证的类型包括测量比对计划、实验室间检测计划、分割样品检测计划、定性计划、已知值计划、部分过程计划。能力验证提供者不应将能力验证计划的策划工作分包。能力验证的注意事项包括记录的保密性、避免结果的串通和伪造、应由具备相应资格的人员进行审定和监督。能力验证结果的评价一般包括确定指定值、计算能力统计量、评价能力、预先确定被测样品的均匀性和稳定性。校准能力验证计划中，参考实验室必须能够给出优于参加者的测量不确定度。确定指定值的方法包括已知值、有证参考值、参考值、由各专家实验室获得的公议值、由参加实验室获得的公议值。按照排序指定值的不确定度逐渐增大，即已知值不确定度最小，由参加者确定的公议值不确定度值最大。

143. 离群值的统计处理包括 3 类：第一类离群值是明显错误的结果，应予剔除，单独处理；第二类采用稳健统计方法或计算前剔除离群值；第三类仅在计算总统计量时剔除该值。定量结果能力统计量有差值、百分相对差 D（%）、z 比分数、ξ 比分数、E_n 值。响应结果用数字表示：1、2、3、4、5 分别对应差、不满意、满意、良好、优秀。数值的统计判定：$|z| \leqslant 2.0$、$2.0 < |z| < 3.0$、$|z| \geqslant 3.0$ 分别对应满意结果、有问题、不满意或离群的结果。当利用测量审核对实验室的能力进行判定时，可利用 E_n 值或参照相关技术标准（包括统计技术方面的标准）进行判定：$|E_n| \leqslant 1.0$ 为满意结果，$|E_n| > 1.0$ 为不满意结果。

144. 利用参加能力验证计划的结果对实验室的能力进行判定时，通常不是做出合格与否的结论，而是使用“满意/不满意”或“离群”的概念。实验室进行能力验证并得到结果后评价的原则：制定了完善的质量文件并按程序执行，评为合格；制定了完善的质量文件，但没有完全按照程序实施，没有相关记录，评为缺陷；没有制定参加能力验证的质量文件，评为不符合。在认可过程中，实验室认可机构不能孤立地使用能力验证。

【第九章】学员笔记　「只有不想做的，没有做不到的」

真题汇编

一、单选题（每题 1 分）

※※第一节　能力验证的基本概念※※

1. 实验室间比对是按照预先规定的条件由两个或多个实验室对（　　）的被测物品进行检测的组织、实施和评价。

A. 不同　　B. 相同

C. 任意　　D. 相同或类似

【答案】D　解析：实验室间比对是按照预先规定的条件，由两个或多个实验室间对相同或类似检测物品进行测量或检测的组织、实施、评价。

※※第二节　能力验证的通用要求※※

1. 根据《合格评定能力验证的通用要求》（GB/T 27043—2012），通常情况下，由于参加者逐渐熟悉能力验证计划或者方法得到改进，实验室间标准差会随时间而（　　）。

A. 增大　　B. 保持稳定

C. 减小　　D. 明显波动

【答案】C　解析：标准差越小越好，随着参加者逐渐熟悉能力验证计划或者方法得到改进，实验室间标准差会随时间而减小。

※※第四节　能力验证结果的统计处理和能力评价※※

1. 评价能力验证活动的结果时，以下描述不正确的是（　　）。

A. $|E_n|\leqslant 1.0$ 表明能力满意　　B. $|z|\leqslant 2.0$ 表明能力满意

C. $|E_n|\leqslant 2.0$ 表明能力满意　　D. $|z|\leqslant 1.0$ 表明能力满意

【答案】C　解析：z 比分数分为：$|z|\leqslant 2.0$ 为满意结果；$2.0<|z|<3.0$ 为有问题；$|z|\geqslant 3.0$ 为不满意或离群的结果。利用 E_n 值分为：$|E_n|\leqslant 1.0$ 为满意结果；$|E_n|>1.0$ 为不满意结果。

2. 检验检测机构能力验证计划中，和参加者相比，要求参考实验室的测量不确定度（　　）。

A. 低于参加者的测量不确定度　　B. 高于参加者的测量不确定度

C. 与参加者的不确定度越接近越好　　D. 与参加者的不确定度无大小关系

【答案】A　解析：校准能力验证计划中，参考实验室必须能够给出优于参加者的测量不确定度，测量不确定度越小越好。

3. 下列关于能力验证离群结果的说法不正确的是（　　）。

A. 离群结果也就是不满意结果

B. 结果离群不能直接判定该机构此项能力不具备

C. 结果离群证明误差超过了对应标准允许的范围

D. 单次比对试验离群只能表明实验室偶尔偏离了正常的能力状态

【答案】A　解析：有时某些实验室出具的数据，在能力验证计划中为离群结果，但可能仍在其相关标准规定的允许误差范围之内，因此利用参加能力验证计划的结果来对实验室的能力进行判定时，通常不做出合格与否的结论，而是使用“满意/不满意”或“离群”的概念。

4. 在进行能力验证时，按以下方法确定的指定值中，不确定度相对最小的是（　　）。

A. 已知值　　B. 有证参考值

C. 由专家参加者确定的公议值　　D. 由参加者确定的公议值

【答案】A　解析：确定指定值的方法有已知值、有证参考值、参考值、由各专家实验室获得的公议值、由参加实验室获得的公议值。其中已知值不确定度最小，由参加者确定的公议值不确定度值最大。

二、判断题（每题1分）

※※第一节　能力验证的基本概念※※

1. 能力验证属于合格评定范畴，常用的评价指标是能力评定标准差。（　　）

【答案】对　解析：能力验证属于合格评定范畴，常用的评价指标是能力评定标准差。

※※第二节　能力验证的通用要求※※

1. 根据《合格评定能力验证的通用要求》（GB/T 27043—2012），能力验证提供者可向顾问、专家或指指导小组寻求建议和帮助，也可将能力验证计划的筹划工作分包。（　　）

【答案】错　解析：能力验证提供者不应将能力验证计划的策划工作、能力评定、最终报告的批准分包。

2. 对给定概率模型假定条件的微小偏离不敏感的统计方法属于稳健统计方法。（　　）

【答案】对　解析：稳健统计方法是指对给定概率模型假定条件的微小偏离不敏感的统计方法。

※※第四节　能力验证结果的统计处理和能力评价※※

1. 利用参加能力验证计划的结果来对实验室的能力进行判定时，通常不做出合格与否的结论，而是使用“满意/不满意”或“离群”的概念。（　　）

【答案】对　解析：利用参加能力验证计划的结果对实验室的能力进行判定时，通常不做出合格与否的结论，而是使用“满意/不满意”或“离群”的概念。

三、多选题（每题2分，下列各题均有2个或2个以上备选答案符合题意，有错误选项不得分，选项正确但不完全的每个选项得0.5分，完全正确的得满分。）

※※第一节　能力验证的基本概念※※

1. 能力验证是指利用实验室间比对来确认实验室检测/校准能力的活动，实验室维持较高的检测/校准水平而对其能力进行（　　）的一种验证活动。

A. 考核　　B. 认证

C. 监督　　D. 确认

【答案】ACD　解析：能力验证是指利用实验室间比对，按照预先制定的准则评价参加者能力的活动，实际上它是为确保实验室维持较高的校准和检测水平而对其能力进行考核、监督和确认的一种验证活动。

2. 有关能力验证，以下说法正确的有（　　）。

A. 能力验证以实验室间指定检测数据的比对结果为主要依据

B. 能力验证的目的是验证实验室从事特定测试活动的技术能力

C. 能力验证结果离群是指参加者的测量结果明显大于标准值

D. 测量审核是能力验证的一种形式

【答案】ABD　解析：能力验证是指利用实验室间比对，按照预先制定的准则评价参加者能力的活动。实际上它是为确保实验室维持较高的校准和检测水平而对其能力进行考核、监督和确认的一种验证活动。测量审核是能力验证的一种特殊形式。C 答案错在当测量结果明显小于标准值也可能为离群。

3. 能力验证的目的包括（　　）。

A. 增强实验室用户的信心　　B. 识别实验室间的差异

C. 帮助实验室能力提高　　D. 建立检测或测量方法的有效性和可比性

【答案】ABCD　解析：能力验证的目的包括：（1）评定实验室从事特定检测或测量的能力及监视实验室的持续能力。（2）识别实验室存在的问题并启动改进措施。（3）建立检测或测量方法的有效性和可比性。（4）增加实验室用户的信心。（5）识别实验室间的差异。（6）根据比对的结果，帮助参加实验室提高能力。（7）确认实验室声称的不确定度。（8）评估某种方法的性能特征通常称为协作试验。（9）用于标准物质/标准样品赋值，以及评定其应用于特定检测或测量程序中使用时的适用性。

※※第二节　能力验证的通用要求※※

1. 能力验证活动的基本类型有（　　）。

A. 定性的　　B. 定量的

C. 解释性的　　D. 复现性的

【答案】ABC　解析：实验室能力验证活动有以下 3 种基本类型：定量的、定性的及解释性的。

第十章 统计技术和抽样技术

速记宝典

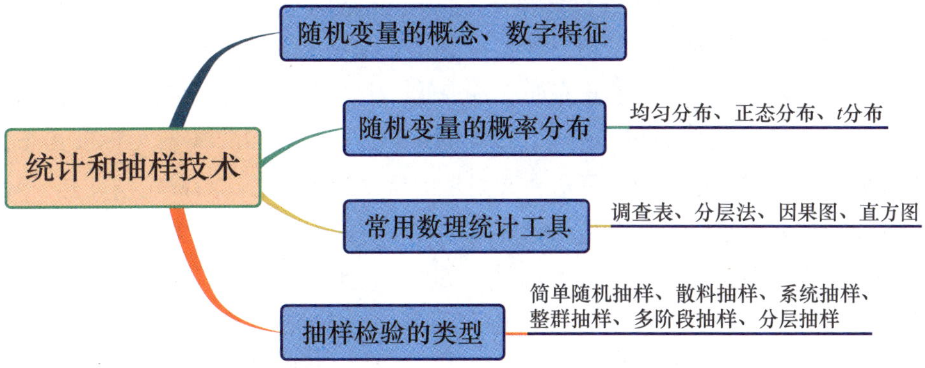

【统计技术】

145. 事件最典型的 3 种情况：必然事件是在一定条件下必然出现的事件；不可能事件是在一定条件下不可能出现的事件；随机事件是在随机试验中，一次试验中可能出现也可能不出现，而在多次重复试验中却具有某种规律的事件。随机事件是概率论的研究对象。频率是各组频数与总体单位总和之比，概率是一个在 0 到 1 之间的实数，是一个确定的数，是客观存在的，与每次试验无关。当试验次数逐渐增大时，频率在某一定值 P 附近摆动，这一性质为频率的稳定性。

146. 随机事件 A 的概率总是介于 0 与 1 之间：$0<P(A)<1$。必然事件的概率：$P(U)=1$；不可能事件的概率：$P(V)=0$。若 A、B 两事件不同时发生，称 A 与 B 不相容，也称为互斥事件。对于互斥事件 A 与 B，它们和的概率等于 A、B 两事件概率的和，即 $P(A+B)=P(A)+P(B)$。若事件 A 的发生不影响事件 B 的发生，则称事件 A 与事件 B 互相独立。对于两个独立事件 A 与 B 之和的概率（同时发生的概率），等于 A、B 单独发生的概率的乘积，即 $P(AB)=P(A)\cdot P(B)$。如果某一事件的概率接近零，则这个事件在大量重复试验中出现的频率很小，这种事件称为小概率事件，在一次试验中，小

概率事件几乎是不会发生的。

147. 按照随机变量所取数值的分布情况不同，可分为两种：连续型随机变量、离散型随机变量。随机变量的特点是以一定的概率取值，但并不是所有的观测或试验都能以一定的概率取某一固定值。随机变量的数字特征包括数学期望、方差、矩、协方差等。数学期望是一个平均的大约数值，随机变量的所有可能值围绕着它而变化，分离散型和连续型。数学期望并不是简单的算术平均值，而是以概率为权的加权平均值。方差是指随机变量的中心化概率分布的二阶矩，是标准差的平方。协方差是指在联合概率分布下，两个中心化随机变量乘积的均值。

148. 常见随机变量的概率分布有均匀分布、正态分布、t 分布。其中均匀分布是一种简单的概率分布，分为离散型均匀分布和连续型均匀分布。正态分布的概率密度函数曲线呈钟形，也称为钟形曲线。正态曲线两头低，中间高，左右对称，在最高点有 1 个拐点，曲线与横轴间的总面积等于 1。当均值 $\mu=0$、标准差 $\sigma=1$ 时为标准正态分布。标准差越大，曲线越扁平，观测值落在 μ 附近的概率越小，意味着测定精度差，观测值也越分散；标准差越小，曲线越陡峭，观测值落在 μ 附近的概率越大，表示观测的精度好，观测值集中。正态分布图具有单峰性、对称性、有界性和抵偿性。t 分布有 1 个拐点，当自由度 n 越大时，t 分布曲线越接近标准正态分布曲线；当自由度为 ∞ 时，t 分布就是标准正态分布。总体是指所考虑对象的全体。样本是指由一个或多个抽样单元组成的总体的子集。样本空间是指所有可能结果的集合。算术平均值是总体单位某一数量标志值之和除以总体单位总量。相关系数是指在联合概率分布下，两个标准化随机变量乘积的均值。

149. 【数理统计工具】常用的数理统计工具有调查表、分层法、因果图、直方图。其中，调查表的常用格式有不合格项目分类统计调查表、工序质量特性分布统计分析调查表、调查缺陷位置的统计分析调查表。分层法是数据分析的一项基础工作，分层的好坏直接影响着后期分析的结果。因果图又称为“特性要因图”“鱼骨图”和“树枝图”，是一种逐步深入研究和讨论质量问题的图示方法。直方图又称为“柱状图”或“质量分布图”，是通过对数据的加工处理，分析和掌握质量数据的分布和估算工序不合格品率的一种方法。直方图有频数直方图和频率直方图两种，其中以频数直方图使用较多，以样本取值范围或区间为横坐标，以频数、不合格率、合格率为纵坐标。直方图从分布类型上可以分为正常型和异常型。正常型直方图：中间高，两边低，左右对称，呈正态分布；异常型直方图有孤岛型、双峰型、折齿型、陡壁型、偏态型、平顶型。可疑数据的常用取舍方法有拉依达法（3S 或 3 倍标准差法）、肖维纳特法、格拉布斯法。

【抽样技术】

150. 抽样方案是指所使用的样本量和有关批接受准则的组合。确定出样本大小和判定数组后就可以对给定的批进行抽样和判定。批是指按照抽样的目的，在基本相同条件下组成总体的一个确定部分。检验可分为全数检验和抽样检验两大类，全数检验是对一批产品中的每一个产品进行检验，从而判断该批产品质量状况；抽样检验是从一批产品中抽出少量的单个产品进行检验，从而推断该批产品质量状况。全数检验较抽样检验可靠性好，但检验工作量非常大，往往难以实现；抽样检验方法以数理统计学为理论依据，具有很强的科学性和经济性，工程中的大部分检测，只能采用抽样检验方法。

151. 影响检验可靠性的因素包括质量检验手段的可靠性、抽样检验方法的科学性、抽样检验方案的科学性。工程中试验检测常用的抽样方式有简单随机抽样、散料抽样、系统抽样、整群抽样、多阶段抽样、分层抽样。

【简单随机抽样】对于大小为 N 的总体，抽样样本量为 n 的样本，若全部可能的样本被抽中的概率都相等。根据抽样单位是否放回分为重复抽样和不重复抽样。其中，重复抽样是每次从总体中随机抽取一个样本单位，经调查观测后，将该单位重新放回总体，然后在总体中随机抽取下一个单位进行调查观察，这样会导致估计量的概率分布不同。不重复抽样是不再将该单位放回总体中参加下一个抽样，估计量的概率分布相同。简单随机抽样的抽选通常有抽签法和随机数法。

【系统抽样】将总体中的抽样单元按一定顺序排列，在规定的范围内随机抽取一个或一组初始单元，然后按照一定规则确定其他样本单元的抽样。系统抽样分为等距抽样和定位系统抽样。

【分层抽样】样本抽自于总体不同的层，且每层至少有一个抽样单元入样的抽样。

【整群抽样】又称为集团抽样，就是将总体各单位分成若干群，然后从其中随机抽取部分群，对选中群的所有单位进行全面调查的抽样组织方式。

【第十章】学员笔记　　「杰伦老师微信 QQ：2387378441」

真题汇编

一、单选题（每题1分）

※※第一节　统计技术的基础※※

1. 若两个事件 A、B 是独立事件，则（　　）。

A. $P(A+B)=P(A)+P(B)$　　B. $P(AB)=P(A)\cdot P(B)$

C. $P(A-B)=P(A)-P(B)$　　D. $P(A)+P(B)=1$

【答案】B　解析：对于两个独立事件 A 与 B 之和的概率（同时发生的概率），等于 A、B 单独发生的概率的乘积，即 $P(AB)=P(A)\cdot P(B)$。

2. 关于 t 分布，下面哪一种说法是正确的（　　）。

A. t 分布与梯形分布特征相似　　B. t 分布与标准正态分布图特征相同

C. 标准正态分布是 t 分布的特殊形式　　D. t 分布与均匀分布图型相似

【答案】C　解析：当自由度为∞时，t 分布就是标准正态分布，即标准正态分布是 t 分布的特殊形式。

3. 从10个编号为1~10的球中任意抽取一个，取得的编号值被2或3整除的概率为（　　）。

A. 1/2　　B. 3/10

C. 7/10　　D. 1/10

【答案】C　解析：1~10中能被2或3整除的数有2、3、4、6、8、9、10，共7个，所以概率为7/10。

4. 两道单选题各有A、B、C、D四个选项，全部答对的概率为（　　）。

A. 1/4　　B. 1/8

C. 1/2　　D. 1/16

【答案】D　解析：两道单选题为独立事件，所以全部答对的概率为 $1/4\times1/4=1/16$。

5. 以下不属于常见随机变量的概率分布类型的是（　　）。

A. 均匀分布　　B. 正态分布

C. N 分布　　D. t 分布

【答案】C　解析：常见随机变量的概率分布类型有均匀分布、正态分布、t 分布。

6. A 和 B 为互斥事件，A 发生的概率是0.3，B 发生的概率是0.5，则 $A+B$ 发生的概率是（　　）。

A. 0.8　　B. 0.3

C. 0.15　　D. 0.5

【答案】A　解析：互斥事件的概率 $P(A+B)=P(A)+P(B)$。

7. 在一个10次的重复试验中，若随机事件 A 出现了5次，则随机事件 A 出现的频率为（　　）。

A. 0.5　　B. 1/5

C. 1/10　　D. 0.2

【答案】A　解析：频率是指在 n 次试验中，事件 A 出现 n_A 次，则称 n_A/n 为事件 A 在这次试验中出现的频率。即 5/10 = 0.5。

※※第二节　常用数理统计工具※※

1. （　　）是通过对数据的加工处理，从而分析和掌握质量数据的分布和估算工序不合格品率的一种数理统计方法。

A. 调查表　　B. 分层法

C. 因果图　　D. 直方图

【答案】D　解析：直方图是通过对数据的加工处理，从而分析和掌握质量数据的分布和估算工序不合格品率的一种方法。

※※第三节　抽样技术及应用※※

1. 一批 10000 件的样本中，任意抽取 100 件，这种抽样方式属于（　　）。

A. 分层抽样　　B. 简单随机抽样

C. 系统抽样　　D. 整群抽样

【答案】B　解析：简单随机抽样指对于大小为 N 的总体，抽样样本量为 n 的样本，若全部可能的样本被抽中的概率都相等，则称为简单随机抽样。

2. 常用的简单随机抽样的两种方法是（　　）。

A. 重复抽样和不重复抽样　　B. 系统抽样和分层抽样

C. 交叉抽样和成对抽样　　D. 抽签法和随机数法

【答案】D　解析：简单随机抽样的两种方法为抽签法和随机数法。

3. 将总体中的抽样单元按一定顺序排列，在规定范围内随机抽取一个或一组初始单元，然后按照一定规则确定其他样本单元的抽样叫（　　）。

A. 简单随机抽样　　B. 系统抽样

C. 多阶段抽样　　D. 整群抽样

【答案】B　解析：将总体中的抽样单元按一定顺序排列，在规定的范围内随机抽取一个或一组初始单元，然后按照一定规则确定其他样本单元的抽样叫系统抽样。系统抽样分为等距抽样和定位系统抽样。

4. 下面关于抽样检测的特点，叙述不正确的是（　　）。

A. 速度快、周期短　　B. 以部分推断总体

C. 存在抽样误差　　D. 质量验收时不可采用抽样检测

【答案】D　解析：抽样检验方法以数理统计学为理论依据，具有很强的科学性和经济性，工程中的大部分检测，只能采用抽样检验方法。质量验收大部分采用抽样检验的方法。

5. 一批待检产品，共有 100 箱，从中随机抽取 10 箱，对这 10 箱产品逐一进行检测，此抽样方法为（　　）。

A. 简单随机抽样　　B. 系统抽样
C. 分层抽样　　D. 整群抽样

【答案】D　解析：整群抽样又称为集团抽样，就是将总体各单位分成若干群，然后从其中随机抽取部分群，对选中群的所有单位进行全面调查的抽样组织方式。

二、判断题（每题1分）

※※第一节　统计技术的基础※※

1. 正态分布图中，标准偏差是$f(x)$曲线的形状参数，标准差越大，曲线高而窄，随机变量在平均值附近出现的密度越大。（　　）

【答案】错　解析：标准差越大，曲线越扁平，随机变量在平均值附近出现的概率越小；标准差越小，曲线越陡峭，随机变量在平均值附近出现的概率越大。

2. 随机变量的数学期望表示对该随机变量进行无限多次测量所得结果的平均值。（　　）

【答案】错　解析：数学期望并不是简单的算术平均值，而是以概率为权的加权平均值。

※※第二节　常用数理统计工具※※

1. 直方图从分布类型上可分为正常型和异常型。正常型中间低，两边高，左右对称，呈正态分布。
（　　）

【答案】错　解析：直方图从分布类型上可分为正常型和异常型。正常型中间高，两边低，左右对称，呈正态分布。

※※第三节　抽样技术及应用※※

1. 在质量检验中，总体标准差一般不易求得，通常采用样本的标准差来表征。（　　）

【答案】对　解析：全数检验的检验工作量非常大，往往难以实现；抽样检验是从一批产品中抽出少量的单个产品进行检验，从而推断该批产品质量状况。抽样是从总体中抽取样本的过程，并通过样本了解总体。通过样本的标准差来表征总体标准差。

2. 简单随机抽样可以进行重复抽样。（　　）

【答案】对　解析：简单随机抽样在具体抽样时，根据抽样单位是否放回可分为重复抽样和不重复抽样。

3. 一枚硬币连续投掷3次，观测出现正面的次数，则观测值的样本空间为：$S=\{0,1,2,3\}$。（　　）

【答案】对　解析：投掷3次出现正面的次数有可能是0、1、2、3次。

三、多选题（每题2分，下列各题均有2个或2个以上备选答案符合题意，有错误选项不得分，选项正确但不完全的每个选项得0.5分，完全正确的得满分。）

※※第一节　统计技术的基础※※

1. 标准正态分布图的形状特征有（　　）。

A. 中间高　　B. 两边低

C. 对称性　　D. 周期性

【答案】ABC　解析：正态分布图具有单峰性、对称性、有界性、抵偿性、中间高两边低、有一个拐点（最高点）。

2. 关于 t 分布，下列说法错误的有（　　）。

A. t 分布有一个拐点　　B. t 分布与标准正态分布的图形特征相同

C. 标准正态分布是 t 分布的特殊形式　　D. t 分布与运距分布图形相似

【答案】BD　解析：t 分布有一个拐点，自由度 n 越大，t 分布曲线越接近标准正态分布曲线，当自由度为∞时，t 分布就是标准正态分布，即标准正态分布是 t 分布的特殊形式。

※※第二节　常用数理统计工具※※

1. 下列关于因果图的叙述，正确的是（　　）。

A. 一种逐步深入研究和讨论质量问题的图示方法

B. 优于直方图

C. 又称特性要素图

D. 因果图可称为巴氏图

【答案】AC　解析：因果图又称特性要因图、鱼骨图或树枝图，是一种逐步深入研究和讨论质量问题的图示方法。

2. 可疑数据的常用取舍方法主要有（　　）。

A. 3 倍标准差法　　B. 肖维纳特法

C. 变异系数法　　D. 格拉布斯法

【答案】ABD　解析：可疑数据的常用取舍方法有拉依达法（3S 或 3 倍标准差法）、肖维纳特法、格拉布斯法等。

3. 以下关于统计直方图在试验数据分析中的应用，说法正确的有（　　）。

A. 可以从频数直方图的形状判断工程质量是否正常

B. 正常的频数直方图没有凸出的顶峰，分布均匀

C. 若直方图出现孤立小岛，可能存在明显的测试误差

D. 若直方图出现凹凸不平形状，应考虑重新收集或整理数据

【答案】ACD　解析：作完频数直方图后，可以从图形判断工程质量是否正常。

直方图从分布类型上可以分为正常型和异常型。

正常型：中间高，两边低，左右对称，呈正态分布。异常型直方图有以下几种类型：

（1）孤岛型。直方图两边出现孤立小岛。造成原因如材料发生变化，测试有误差等。

（2）双峰型。直方图中出现两个峰，这主要是数据来自两个不同分布的总体，此时应加以分层。

（3）折齿型。直方图出现凹凸不平的形状。这主要是数据分组太多、测量仪器误差过大等造成，此时应重新收集和整理数据。

（4）陡壁型。直方图向一边倾斜，这是由收集数据不正常所致。

（5）偏态型。当受上、下限的限制时，多发生偏态型。下限受限制时，多发生左偏，上限受限制时，多发生右偏。

（6）平顶型。直方图没有凸出的顶峰，呈平顶型，这可能是由于数据源于多个不同分布的总体，也可能是由于质量特性在某区间中均匀变化所致。

※※第三节　抽样技术及应用※※

1. 质量检验的可靠性与（　　　　）等因素有关。

A. 质量检验手段的科学性　　B. 抽样检验方法的科学性

C. 抽样检验方案的科学性　　D. 报告编制的科学性

【答案】BC　解析：质量检验的可靠性与质量检验手段的可靠性、抽样检验方法的科学性、抽样检验方案的科学性有关。

2. 采用抽样检验的原因在于（　　　　）。

A. 破坏性试验不可能对全部产品都做检验

B. 检验量比较大，对所有进行检验不太可能

C. 抽样检验能科学地反映一批产品的质量情况

D. 抽样检验结果能完全反映产品质量

【答案】ABC　解析：抽样检验是从一批产品中抽出少量的单个产品进行检验，从而推断该批产品质量状况。全数检验较抽样检验可靠性好，但检验工作量非常大，往往难以实现；抽样检验方法以数理统计学为理论依据，具有很强的科学性和经济性，工程中的大部分检测只能采用抽样检验方法。

3. 抽样方案至少应当包括（　　　　）。

A. 样本量　　B. 质量判定规则

C. 抽样时间　　D. 抽样方法

【答案】AB　解析：抽样方案是指所使用的样本量和有关批接受准则的组合。

4. 以下属于系统抽样的有（　　　　）。

A. 定位系统抽样　　B. 等距抽样

C. 散料抽样　　D. 分层抽样

【答案】AB　解析：系统抽样分为等距抽样和定位系统抽样。

第十一章　仪器设备计量溯源及期间核查

速记宝典

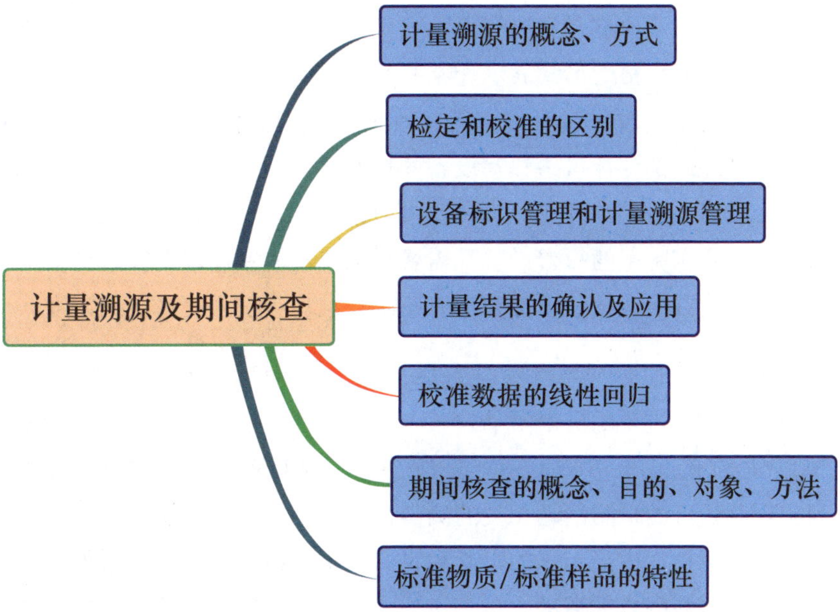

【计量溯源】

152. 设备在投入服务前应进行校准或核查，以证实其能够满足检验检测的规范要求和相应标准的要求。计量标准：指为了定义、实现、保存或复现量的单位或一个或多个量值，依据一定标准技术文件，建立的一套用作参考的实物量具、测量仪器、参考（标准）物质或测量系统。计量参数：指除外观质量等目测、手感项目外的影响仪器设备量值准确性的技术参数。量值传递（自上而下）：是通过测量仪器的校准或检定，将国家测量标准所实现的单位量值通过各等级的测量标准传递到工作测量仪器的活动，以保证测量所得量值的准确统一。常见的溯源方式有检定、校准、验证3类。

153. 【检定】计量器具和测量仪器的检定简称计量检定。检定是查明和确认测量仪器符合法定要求的活动，包括检查、加标记和出具检定证书。仪器检定是指任何一个测量结果或计算标准的值，都能通过一条具有规定不确定度的比较链，与计量基准联系起来，从而使准确性和一致性得到保证。准确性：指测量结果与被测真值的一致程度。仪器设备计量检定的依据是计量检定规程，计量检定规程是指为评定计量器具的计量特性，规定了计量性能、法制计量控制要求、检定条件、检定方法以及检定周期等内容，并对计量器具做出合格与否的判定的计量技术法规。计量检定工作应符合经济合理、就地就近的原则，不受行政区划和部门管辖的限制。

154.【校准】在规定条件下的一组操作，其第一步是确定由测量标准提供的量值与相应示值之间的关系，第二步是用此信息确定由示值获得测量结果的关系，这里测量标准提供的量值与相应示值都具有测量不确定度。校准可以用文字说明、校准函数、校准图、校准曲线或校准表格的形式表示，某些情况下，可以包含示值的具有测量不确定度的修正值或修正因子。对仪器设备进行校准时，可根据仪器设备使用场合的实际需要，检验必要的全部或部分计量参数。设备的校准周期以及后续校准周期的调整，一般均应由实验室（设备使用者）自己来确定。即使校准证书给出了校准周期的建议，也不宜直接采用。并非实验室的每台设备都需要校准，实验室应根据校准证书的信息，判断设备是否满足试验方法或试验规程要求。每次校准均会引入测量不确定度。

155.【自校准】一般是利用测量设备自带的校准程序或功能或设备厂商提供的没有溯源证书的标准样品进行的校准活动。其不是有效的量值溯源活动。

【自校验（内部校准）】在实验室或其所在组织内部实施的，使用自有的设施和测量标准，为实现获认可的检测活动相关的测量设备的量值溯源而实施的校准。校准结果仅用于内部需要。也指在内部实施的，使用自有人员、设备及环境等条件，为保证仪器量值准确、可靠而开展的校准活动。实验室实施内部校准应优先采用标准方法，当没有标准方法时，可以使用自编方法、测量设备制造商推荐的方法等非标方法。使用外部非标方法时应转化为实验室文件，非标方法使用前应经过确认。内部校准的校准证书可以简化，或不出具校准证书，但校准记录的内容应符合校准方法和认可准则的要求。对于未列入强检目录的仪器设备，可以检定，也可以校准。

156.【验证】指提供客观证据证明测量仪器满足规定的要求，仪器设备进行验证的基本条件是已知规定和使用要求，其次是获得是否满足要求的客观证据。可以通过验证方式进行溯源的仪器设备有未经定型的专用检测仪器设备；借用永久控制范围以外的仪器设备；无量值输出的工具类仪器设备，采用自行维护的管理方式；无法溯源到国家或国际测量标准的设备；计算机软件。当无法溯源到国家或国际测量标准时，检验检测机构应通过建立对适当测量标准的溯源来提供测量的可信度。测量结果应溯源至标准物质（RM）、公认的或约定的测量方法/标准，或通过检验检测机构间比对等途径，证明其测量结果与同类检验检测机构的一致性。实验室常用仪器或试验检测的辅助工具，如脱模器、摇筛机、取芯机等属于功能性验证，验证功能正常的贴绿色标识。玻璃器皿作为特殊器具，当被用作量具提供数据时，必须通过检定合格；当作为器具用作盛水等用途，不传输数据时，可不必检定。考虑量筒、滴定管等有刻度的玻璃器皿易碎的特殊性，检定周期可采取首次检定终身使用。

157.【检定与校准的区别】校准不具法制性，是企业的自愿行为；检定具有法制性，属于计量管理范畴的执法行为。

校准主要确定测量器具的示值误差；检定是对测量器具的计量特性及技术要求的全面评定。

校准的依据是校准规范、校准方法，既可做统一规定，也可自行制定；检定的依据是检定规程。

校准不判定测量器具合格与否，但当需要时，可确定测量器具的某一特性是否符合预期的要求；检定要对所检测量器具做出合格与否的结论。

校准结果通常是发校准证书或校准报告；检定结果合格的发检定证书，不合格的发不合格通知书。

158. 仪器设备的状态标识分为合格、准用和停用3种，通常以绿、黄、红3种颜色表示。合格标志（绿色）：表示经校准、检定或比对合格，确认其符合检验检测技术规范规定的使用要求。准用标志（黄色）：仪器设备存在部分缺陷，但在限定范围内可以使用，包括多功能检测设备，某些功能丧失，但检验检测所用功能正常，且校准、检定或验证（比对）合格者；测试设备某一量程准确度不合格，但检验检测所用量程合格者；降低等级后使用的仪器设备。停用标志（红色）：仪器设备目前状态不能使用，但经校准或核查证明合格或修复后可以使用，不是检验检测机构不需要的废品杂物。停用包括仪器设备损坏者；仪器设备经校准、检定或比对不合格者；仪器设备性能暂时无法确定者；仪器设备超过周期未校准、检定或比对者；不符合检验检测技术规范规定的使用要求者。仪器状态合格证标识的格式内容包括检定/校准日期、检定/校准单位、设备自编号、有效期。

159. 计量确认是指为保证测量设备处于满足预期使用要求的状态所需要的一组操作。预期使用要求包括测量范围、分辨力、最大允许误差等。计量确认的依据既不是计量检定规程，也不是设备的使用说明书，而是预期的使用要求，往往是依据试验规程。无论检定、校准，都要对其证书的结果进行计量确认，判定是否满足试验规程的要求。

计量确认的作用是要将仪器设备校准检定时产生的修正值或修正因子，用于设备的功能设置或试验结果的修正，提高检测数据的准确性。计量检定证书和校准报告的内容包含溯源性信息，包括校准参数、所用标准器具、校准参数的误差或测量结果的不确定度信息，不应仅仅是定性描述而无定量值。

160. 检定/校准证书内容包括被检定或校准的设备名称、型号；检定或校准的依据；检定或校准所用设备、精度或测量不确定度；被检定/校准设备参数及测量不确定度或误差；测试环境温度、相对湿度；检定证书下结论、校准证书（测试报告）无结论。若仪器设备的示值误差在某一使用范围内不超出最大允许误差的要求，则得出被评定仪器设备可在该范围内准用的评定。对仪器设备特性进行符合性评定时，若评定值误差的不确定度与被评定仪器设备的最大允许误差的绝对值（MPEV）之比小于或等于1:3，则可不考虑示值误差评定的测量不确定度的影响。

161. 如果被评定仪器设备的示值误差在其最大允许误差限内时，可判为合格；如果被评定仪器设备的示值误差超出其最大允许误差时，可判为不合格；当仪器设备示值误差的评定处在不能做出符合性判定时，即为待定区，可以通过采用准确度更高的测量标准、改善环境条件、增加测量次数和改变测量方法等措施。相关系数 r 的取值范围为 $[-1, 1]$。r 的绝对值越接近1，x、y 的线性关系越好；当 $r=\pm1$ 时，x、y 之间符合直线函数关系，称 x 与 y 完全相关。如果 r 趋近于0，则 x 与 y 之间没有线性关系。

【期间核查】

162. 期间核查是为了确定计量标准、标准物质或其他测量仪器是否保持其原有状态而进行的操作。在测量设备相邻两次校准或检定期间，采用可信的方法对其使用功能及测量性能进行的一种核查，验证其是否得到有效维持，旨在确认测量设备校准状态的可信程度。校准实验室、法定计量检定机构、检验检测机构必须对其计量标准和标准物质进行期间核查。期间核查不是一般的功能检查，更不是缩短检定校准周期，其目的是在两次校准/检定的间隔期间保持原有状态，防止使用不符合技术规范要求的设备。检验检测机构应根据设备的稳定性和使用情况来确定是否需要进行期间核查。

163. 判定设备是否需要期间核查的因素有设备校准周期、历次校准结果、质量控制结果、设备使用频率、设备维护情况、设备操作人员及环境的变化、设备使用范围的变化。期间核查的重点测量设备有仪器设备性能不稳定，漂移率大的、使用非常频繁的、经常携带到现场检测的、在恶劣环境下使用的仪器设备，曾经过载或怀疑有质量问题的，因设备使用频率较低，校准周期长于校准规范规定的时间。不是所有的设备都要进行期间核查，对无法寻找核查标准（物质）（如破坏性试验）的设备就无法进行期间核查。对可以进行期间核查的设备，检验检测机构应制定期间核查计划，明确期间核查的方法与周期，必要时制定相应的作业指导书。

164. 期间核查的方法基本上采用等精度核查方式进行，常用方法有仪器间的比对、标准物质验证、方法比对、加标回收、单点自校、用稳定性好的样品留样再测等（仪器间的比对、标准物质法、留样再测法、实物样件检查法、自带标样核查法、直接测量法），其中仪器间的比对方法有传递测量法、多台（套）设备比对法、两台（套）设备比对法。留样再测法又称为稳定性实验法、重复测量法。标准物质分为有证标准物质和参考标准物质，所有有证标准物质都需经国家计量行政主管部门批准发布，二级物质应溯源到一级标准物质，一级标准物质应溯源到 SI 单位。标准物质的作用包括作为校准物质用于仪器的定度；作为已知物质用以评价测量方法；作为控制物质与待测物质同时进行分析。有证标准物质的期间核查方法有实验室间比对试验、能力验证等。

【第十一章】学员笔记　　「大家的支持是我创作的动力!」

真题汇编

一、单选题（每题 1 分）

※※第一节　仪器设备计量溯源※※

1. 下列不属于仪器设备计量溯源方式的是（　　）。

A. 检定　　B. 校准

C. 验证　　D. 期间核查

【答案】D　解析：常见的溯源方式有检定、校准及验证 3 类。

2. 对试验检测用仪器设备自校准的理解正确的是（　　）。

A. 自校准是一种有效的量值溯源活动

B. 自校准也就是内部校准

C. 一般情况下自校准不是一种有效的量值溯源活动

D. 自校准合格的就可以贴合格设备标签

【答案】C　解析：自校准一般是利用测量设备自带的校准程序或功能或设备厂商提供的没有溯源证书的标准样品进行的校准活动，通常情况下，其不是有效的量值溯源活动。

3. 以下关于试验检测仪器设备内部校准方法阐述错误的是（　　）。

A. 应优先采用标准方法

B. 可以直接使用自编的方法

C. 经确认可使用设备制造商推荐的方法

D. 使用外部非标准方法时应先转化为实验室文件

【答案】B　解析：实验室实施内部校准应优先采用标准方法，当没有标准方法时，可以使用自编方法、测量设备制造商推荐的方法等非标方法。使用外部非标方法时应转化为实验室文件。非标方法使用前应经过确认。

4. 下列不属于仪器设备使用状态标识的是（　　）。

A. 合格　　B. 不合格

C. 准用　　D. 停用

【答案】B　解析：仪器设备的状态标识分为合格、准用和停用 3 种，通常以绿、黄、红 3 种颜色标识。

5. “查明和确认测量仪器符合法定要求的活动”属于（　　）。

A. 鉴定　　B. 标定

C. 校准　　D. 检定

【答案】D　解析：检定是查明和确认测量仪器符合法定要求的活动，它包括检查、加标记和出具检定证书。

6. 依据《工地试验室标准化建设要点》（厅质监字〔2012〕200 号），关于仪器设备管理说法正确的是（　　）。

A. 仪器设备经检定/校准或功能检验合格后方可投入使用

B. 用于现场检测的仪器设备应进行期间核查

C. 使用状态标识分为“合格”和“不合格”两种

D. 化学试剂应按“就地就近”的原则存放

【答案】A　解析：B 答案正确说法是对于性能不稳定、使用频率高和进行现场检测的仪器设备，以及在恶劣环境下使用的仪器设备应进行期间核查。C 答案正确说法是使用状态标识分为合格、准用、停用三种，分别用绿、黄、红三色标签进行标识。D 答案正确说法是化学试剂（危险品）存放地点应按有关规定设置，并严格管理。

7. 关于仪器设备检定和校准，以下说法正确的是（　　）。

A. 校准证书会给出仪器设备是否合格的结论

B. 经检定合格的仪器设备可以不经确认直接使用

C. 校准只能依据校准规范，不能依据检定规程

D. 经校准的仪器设备应根据使用条件进行确认后使用

【答案】D　解析：A 答案正确说法是检定证书会给出仪器设备是否合格的结论。B 答案正确说法是经检定合格的仪器设备需要经确认后使用。C 答案正确说法是校准的依据是校准规范、校准方法，可做统一规定，也可自行指定。检定的依据是检定规程。

※※第三节　校准数据的线性回归※※

1. 当相关系数 r（　　）时，x 和 y 之间符合直线函数关系，称 x 与 y 完全相关。

A. $= +1$　　B. $= -1$

C. $= \pm 1$　　D. 接近 1

【答案】C　解析：相关系数 r 的取值范围是 $[-1, 1]$。其绝对值越接近 1，x、y 的线性关系越好；当相关系数 $r = \pm 1$ 时，x、y 之间符合直线函数关系，称 x 与 y 完全相关。如果 r 趋近于 0，则 x 与 y 之间没有线性关系。

2. 两个变量的线性相关性显著说明，可以用（　　）来表示它们的相关关系。

A. 二次函数　　B. 三角函数

C. 幂函数　　D. 直线方程

【答案】D　解析：当两个变量 x 与 y 之间存在线性关系，用直线方程表示 x 与 y 的关系是 $y = bx + a$。

※※第四节　期间核查※※

1. 有关期间核查的描述正确的是（　　）。

A. 标准物质是具有足够均匀和稳定的特定特性的物质，无须进行期间核查

B. 期间核查不同于一般的功能检查

C. 所有设备都要进行期间核查

D. 期间核查的目的是确认仪器设备是否配备齐全

【答案】B　解析：期间核查不是一般的功能检查，更不是缩短检定校准周期，其目的是在两次校准/检定的间隔期间保持原有状态，防止使用不符合技术规范要求的设备。不是所有的设备都要进行期间核查，对无法寻找核查标准（物质）（如破坏性试验）的设备就无法进行期间核查。

2. 检验检测机构所用仪器设备是否需要进行期间核查，是由（　　）。

A. 标准规定　　B. 检验检测机构自行识别规定

C. 客户约定　　D. 法律法规规定

【答案】B　解析：检验检测机构应根据设备的稳定性和使用情况来确定是否需要进行期间核查。对于可以进行期间核查的设备，检验检测机构应制定期间核查计划，明确期间核查的方法与周期。

3. 关于期间核查的作用，说法正确的是（　　）。

A. 用于判定仪器设备是否合格

B. 用于检查仪器设备性能是否稳定

C. 用于检查仪器设备是否准确

D. 用于判断仪器设备是否超负荷运行

【答案】B　解析：期间核查的作用是确认其性能是否得到有效维持或是否满足其使用要求。检验检测机构应根据设备的稳定性和使用情况来确定是否需要进行期间核查。

二、判断题（每题1分）

※※第一节　仪器设备计量溯源※※

1. 计量器具的校准是指在规定条件下，为确定计量器具量值及误差的一组操作。（　　）

【答案】错　解析：校准是在规定条件下的一组操作，第一步是确定由测量标准提供的量值与相应示值之间的关系，第二步是用此信息确定由示值获得测量结果的关系。

2. 检验检测设备无法溯源到国家或国际测量标准时，检测机构应通过建立适当测量标准溯源来提供测量的可信度。（　　）

【答案】对　解析：当无法溯源到国家或国际测量标准时，检验检测机构应通过建立对适当测量标准的溯源来提供测量的可信度。测量结果应溯源至标准物质（RM）、公认的或约定的测量方法/标准，或通过检验检测机构间比对等途径，证明其测量结果与同类检验检测机构的一致性。

3. 内部校准是指检验检测机构内部实施的校准活动，校准结果仅用于内部需求，因此适当优先采用内部自编技术方法实施，当没有技术能力编制技术方法时，可参考适用的标准方法开展。（　　）

【答案】错　解析：实验室实施内部校准应优先采用标准方法，当没有标准方法时，可以使用自编方法、测量设备制造商推荐的方法等非标方法。

4. 检定是对仪器设备计量特性进行强制性的全面评定，属于自下而上的量值传递。（　　）

【答案】错　解析：检定是对计量特性及技术要求进行强制性的全面评定，属量值统一，检定是否符合规定要求，属自上而下的量值传递。计量溯源是自下而上的量值传递。

5. 仪器设备的校准周期由校准机构确定并在校准证书中明确。（　　）

【答案】错　解析：设备的校准周期以及后续校准周期的调整，一般均应由实验室（设备使用者）自己来确定，即使校准证书给出了校准周期的建议，也不宜直接采用。

6. 计量参数是指影响仪器设备量值准确性的技术参数，包括外观质量等目测、手感项目。（　　）

【答案】错　解析：计量参数指除外观质量等目测、手感项目外的影响仪器设备量值准确性的技术参数。

7. 校准可以依据检定规程执行，也可以经校准方和用户双方商定自行确定校准方法。（　　）

【答案】错　解析：校准的依据是校准规范、校准方法，可统一规定，也可自行制定；检定的依据是检定规程。

8. 对仪器设备进行校准时，可根据仪器设备使用场合的实际需要，检验必要的全部或部分计量参数。（　　）

【答案】对　解析：对仪器设备进行校准时，可根据仪器设备使用场合的实际需要，检验必要的全部或部分计量参数。

※※第二节　计量结果的确认及运用※※

1. 计量确认是确保测量设备处于满足预期使用要求的状态所需要的一组操作。（　　）

【答案】对　解析：计量确认是为保证测量设备处于满足预期使用要求的状态所需要的一组操作。

2. 检定合格的仪器设备无须对其检定结果进行确认。（　　）

【答案】错　解析：无论检定、校准都要对其证书的结果进行计量确认。

三、多选题（每题 2 分，下列各题均有 2 个或 2 个以上备选答案符合题意，有错误选项不得分，选项正确但不完全的每个选项得 0.5 分，完全正确的得满分。）

※※第一节　仪器设备计量溯源※※

1. 关于校准与检定，下列说法正确的是（　　）。

A. 检定是对测量器具的计量特性及技术要求的全面评定

B. 校准主要是确定测量器具的示值误差

C. 检定具有法制性

D. 校准具有法制性

E. 校准不判断测量器具合格与否

【答案】ABCE　解析：检定和校准的区别：（1）校准不具法制性，是企业的自愿行为；检定具有法制性，属于计量管理范畴的执法行为。（2）校准主要确定测量器具示值误差；检定是对测量器具的计量特性及技术要求的全面评定。（3）校准的依据是校准规范、校准方法，可做统一规定，也可自行制定；检定的依据是检定规程。（4）校准不判定测量器具合格与否，但当需要时，可确定测量器具的某一性是否符合预期的要求；检定要对所检测量器具做出合格与否的结论。（5）校准结果通常是发校准证书或校准报告；检定结果合格的发检定证书，不合格的发不合格通知书。

2. 有关仪器设备检定校准状态标识，下列描述正确的有（　　）。

A. 仪器设备经校准后，其中有个别检测工作需要用的参数不能满足要求，且无法修正，该设备加贴黄色标识

B. 仪器设备经校准后，其中有个别检测工作需要用的参数不能满足要求，且无法修正，该设备加贴红色标识

C. 由检验检测机构对使用功能验证后满足要求的设备加贴绿色标识

D. 多功能检测设备，某些功能丧失，但试验检测所用功能符合要求，加贴黄色标识

【答案】BCD　解析：仪器设备的状态标识分为合格、准用和停用 3 种，通常以绿、黄、红 3 种颜色表示。(1) 合格标识（绿色）：表示经校准、检定或比对合格，确认其符合检验检测技术规范规定的使用要求。(2) 准用标识（黄色）：仪器设备存在部分缺陷，但在限定范围内可以使用的，包括多功能检测设备某些功能丧失，但检验检测所用功能正常，且校准、检定或比对合格者；测试设备某一量程准确度不合格，但检验检测所用量程合格者；降等降级后使用的仪器设备。(3) 停用标识（红色）：仪器设备目前状态不能使用，但经校准或核查证明合格或修复后可以使用的，不是检验检测机构不需要的废品杂物。

3. 对仪器设备进行检定时，可以依据的技术文件主要包括（　　）。

A. 国家计量检定规程　　B. 交通运输部计量检定规程

C. ISO 国家标准　　D. 地方发布的计量检定规程

【答案】ABD　解析：校准的依据是校准规范、校准方法；检定的依据是检定规程。

4. 下列哪些情况可以确定仪器设备的状态标识为“准用”（　　）。

A. 多功能检测设备，某些功能丧失，但试验检测所用功能符合要求

B. 仪器设备不符合其标称准确度等级，但符合降低等级的准确度等级要求

C. 仪器设备超过周期未进行量值溯源

D. 仪器设备部分量值的准确度不满足要求，但试验检测所用量程满足要求

【答案】ABD　解析：准用标志（黄色）是仪器设备存在部分缺陷，但在限定范围内可以使用的（即受限使用的），包括：多功能检测设备某些功能丧失，但检验检测所用功能正常，且校准、检定或验证（比对）合格者；测试设备某一量程准确度不合格，但检验检测所用量程合格者；降低等级后使用的仪器设备。

5. 下列仪器设备只需进行功能性验证的有（　　）。

A. 击实仪　　B. 用于加热烘干的电炉

C. 酸度计　　D. 脱模器

【答案】BD　解析：交通行业实验室常用仪器或检验检测的辅助工具，如脱模器、摇筛机、取芯机等属于功能性验证。用于加热烘干的电炉也是辅助工具。

6. 下列有关仪器设备校准的描述正确的有（　　）。

A. 校准可以确定测量标准与相应示值之间的关系

B. 校准可以用文字说明，也可以用校准函数、校准图、校准曲线或校准表格的形式表示确定由示值获得测量结果的关系

C. 测量标准提供的量值具有测量不确定度

D. 校准的依据是校准规范、校准方法，可做统一规定也可自行制定

【答案】ABCD　解析：校准是在规定条件下的一组操作，第一步是确定由测量标准提供的量值与相应示值之间的关系，第二步是用此信息确定由示值获得测量结果的关系。测量标准提供的量值与相应示值都具有测量不确定度。校准可以用文字说明、校准函数、校准图、校准曲线或校准表格的形式表示。校准的依据是校准规范、校准方法，可做统一规定，也可自行制定；检定的依据是检定规程。

7. 测量标准是为了（　　　）量的单位或一个或多个量值，其用作参考的实物量具、测量仪器、参考物质或测量系统。

A. 定义　　B. 保存

C. 描述　　D. 复现

【答案】ABD　解析：计量标准是为了定义、实现、保存或复现量的单位或一个或多个量值，依据一定标准技术文件，建立的一套用作参考的实物量具、测量仪器、参考物质或测量系统。

8. 以下属于实物量具的有（　　　）。

A. 激光测距仪　　B. 量块

C. 标准砝码　　D. 游标卡尺

【答案】BC　解析：实物量具本身复现或提供的是已知量值即给定量就是其量值的实际大小。

※※第二节　计量结果的确认及运用※※

1. 对仪器设备特性进行符合性评定时，若仪器设备的测量误差（Δ）的不确定度（U）大于其最大允许误差的绝对值（MPEV）的1/3时，以下说法正确的有（　　　）。

A. 当 $|\Delta| \leq$ MPEV 时，评定为“合格”

B. 当 $|\Delta| >$ MPEV 时，评定为“不合格”

C. 当 $|\Delta| \leq$ MPEV + U 时，评定为“不合格”

D. 当 MPEV − U < $|\Delta|$ < MPEV + U 时，评定结果待定

【答案】CD　解析：如果示值误差的测量不确定度不符合要求，则按以下判据进行评定：（1）合格判据：示值误差的绝对值小于或等于其最大允许误差的绝对值（MPEV）与示值误差的扩展不确定度之差时，可判为合格。（2）不合格判据：示值误差的绝对值大于或等于其最大允许误差的绝对值（MPEV）与示值误差的扩展不确定度之和时，可判为不合格。（3）待定区：示值误差既不符合合格判据，又不符合不合格判据时，处于待定区。

2. 为确定仪器设备是否符合试验检测需要而对其校准证书进行确认，主要依据有（　　　）。

A. 工程设计文件　　B. 设备说明书

C. 试验检测规程　　D. 试验检测要求

【答案】CD　解析：计量确认的依据既不是计量检定规程，也不是设备的使用说明书，而是预期的使用要求，往往是依据试验规程。

※※第四节　期间核查※※

1. 期间核查的仪器设备一般包括（　　）。

A. 仪器设备价格昂贵的　　B. 仪器设备不经常使用的

C. 仪器设备使用环境恶劣的　　D. 仪器设备使用非常频繁的

【答案】CD　解析：期间核查的重点测量设备有：(1) 仪器设备性能不稳定，漂移率大的。(2) 使用非常频繁的。(3) 经常携带到现场检测的。(4) 在恶劣环境下使用的。(5) 曾经过载或怀疑有质量问题的。(6) 因设备使用频率较低，校准周期长于校准规范规定的时间。

2. 仪器设备期间核查的方法有（　　）。

A. 仪器间的比对　　B. 标准物质验证

C. 方法比对　　D. 人员比对

E. 留样再测　　F. 送计量部门检定/校准

【答案】ABCE　解析：期间核查常用的方法有仪器间的比对、标准物质验证、方法比对、加标回收、单点自校、用稳定性好的样品留样再测等。

3. 下列有关期间核查的描述正确的有（　　）。

A. 期间核查是指对仪器设备两次检定/校准之间所做的技术状态确认工作

B. 期间核查应严格按照计量检定规程开展

C. 应当对所有在用仪器设备开展期间核查

D. 在可能条件下，应当选用稳定的核查标准开展期间核查工作

【答案】AD　解析：不是所有的设备都要进行期间核查，对无法寻找核查标准（物质）（如破坏性试验）的设备就无法进行期间核查。对于可以进行期间核查的设备，检验检测机构应制订期间核查计划，明确期间核查的方法与周期，必要时制定相应的作业指导书。期间核查并不是按照计量检定规程或者计量校准规程，而是使用参考标准，可以是上一等级、下一等级或同等级计量标准、标准物质，也可以是准确度等级更高或较低的同类测量设备、实物样品等。

4. 关于检定、校准和期间核查的说法正确的有（　　）。

A. 检定用于判定仪器设备是否符合法定要求

B. 校准证书可用于测量仪器的计量特性评定

C. 期间核查一般由检验检测机构自行开展

D. 期间核查应在检定、校准后立即开展

【答案】ABC　解析：D 答案正确说法是期间核查是在测量设备相邻两次校准或检定期间，采用可信的方法对其使用功能及测量性能进行的一种核查。

第十二章　公路水运工程质量检验评定相关标准基础知识

速记宝典

165.《公路工程质量检验评定标准》（以下简称《质量检评标准》）包含检验标准和评定准则两部分内容。检验标准部分规定了检查项目、方法、数量及检查项目合格应满足的要求；评定准则部分规定了质量等级制度和如何利用检验结果进行评判的方法。《质量检评标准》适用于各等级公路新建及改扩建工程施工质量的检验评定，是公路工程施工质量的最低限值标准。当本标准中缺乏适宜的质量检验标准时，可参照相关技术标准或根据实际情况制定相应的质量检验标准，并报主管部门批准。按照“两级制度、逐级评定、合规定质”的原则进行评定。《质量检评标准》按工程建设规模大小、结构部位和施工工序将建设项目划分为单位工程、分部工程和分项工程，对复杂工程还可设立子分部工程。具有独立施工条件和结构功能的工程为单位工程；按路段长度、结构部位及施工特点划分为分部工程；根据施工工序、工艺或材料等划分为分项工程。单位工程、分部工程和分项工程应在施工准备阶段进行划分。

166. 公路工程质量检验评定以分项工程为基本单元，采用随机抽样检验计算合格率法进行。分项工程质量检验内容包括基本要求、实测项目、外观质量和质量保证资料4个部分。检查项目分为一般项目和关键项目，对结构安全、耐久性和主要使用功能起决定性作用的检查项目为关键项目，以“△”表示，合格率应不低于95%（机电工程为100%），一般项目的合格率应不低于80%。规定极值是指任何一个检测值都不能突破的极限值，质量保证资料包括施工原始记录、试验检测数据、质量检验结果、资料及认可证明文件等，工程质量等级应分为合格与不合格，应按分项工程、分部工程、单位工程、合同段和建设项目逐级评定。多车道路段的最低检测频率应按车道数与双车道之比相应增加检查数量。评定为不合格的分项工程、分部工程，经返工、加固、补强或调测，满足设计要求后，可重新进行检验评定。检验项目评为不合格的，应进行整修或返工处理直至合格。

167.《水运工程质量检验标准》适用于港口工程、航道工程和修造船厂水工建筑物工程等水运工程质量的检验。主要检验项目是指分项工程中对安全、卫生、环境保护和公众利益起决定性作用的检验项目。严重缺陷指对结构构件的受力、使用性能或耐久性有决定性影响的缺陷。涉及结构安全和使用功能的重要分部工程应按相应规定进行抽样检验或验证性检验。水运工程质量检验应按单位工程、分部工程、分项工程及检验批进行划分。分部工程应按工程的部位进行划分，分项工程应按施工的主要工种、工序、材料、施工工艺和设备的主要装置等进行划分。施工范围较大的分项工程宜划分为若干检验批，检验批可根据施工及质量控制和检验的需要按结构变形缝、施工段或一定数量等进行划分。

168. 主要检验项目的质量经检验应全部合格；一般检验项目的质量经检验应全部合格，其中允许偏差的合格率应达到80%及以上，且不合格点的最大偏差对于影响结构安全和使用功能的不得大于允许偏差值的1.5倍，对于机械设备安装工程不得大于允许偏差值的1.2倍。水运工程项目开工前，建设单位应组织施工单位、监理单位对单位工程、分部工程和分项工程进行划分，并报水运工程质量监督机构备案。单位工程质量预验收合格后，建设单位应在规定时间内将工程质量检验有关文件报水运工程质量监督部门申请质量鉴定。具有公路水运工程等级证书的试验检测机构可承担见证抽样检验及有关结构安全检验。

169.《公路养护工程质量检验评定标准》应按养护单元、养护工程逐级进行，属于工厂加工制造的桥梁金属构件的合格率应为100%。对于明显的外观缺陷，养护工程施工单位应进行整修或返工处理直至合格。养护工程应有真实、准确、齐全、完整的施工原始记录、试验检测数据、质量检查结果等质量保证资料。（其他同公路工程质量检验评定标准）

【第十二章】学员笔记　　「有付出才有回报!」

真题汇编

一、单选题（每题 1 分）

1. 公路工程分部工程的划分依据是（　　）。

A. 施工材料　　B. 施工工序

C. 施工特点　　D. 施工工艺

【答案】C　解析：在单位工程中，应按路段长度、结构部位及施工特点划分为若干个分部工程。

2. 水运工程质量检验标准规定，水运工程建设按单位工程、分部工程、分项工程及（　　）进行划分。

A. 工序　　B. 水工结构物

C. 工艺　　D. 检验批

【答案】D　解析：水运工程质量检验应按单位工程、分部工程、分项工程及检验批进行划分。

3. 按照水运工程质量检验标准的规定，一般检验项目的质量经检验应（　　）合格。

A. 80% 以上　　B. 85% 以上

C. 95% 以上　　D. 全部

【答案】D　解析：一般检验项目的质量经检验应全部合格，其中允许偏差的合格率应达到 80% 及以上。

4. 依据《公路工程质量检验评定标准　第一册　土建工程》（JTG F80/1—2017）的规定，多车道路段的最低检测频率应（　　）。

A. 按双车道确定检测频率

B. 按标准规定的频率乘以车道数

C. 按车道数与双车道之比增加相应的检测数量

D. 按规定频率的两倍

【答案】C　解析：多车道路段的最低检测频率应按车道数与双车道之比相应增加检查数量。

5. 依据《公路工程质量检验评定标准　第一册　土建工程》（JTG F80/1—2017）的规定，在合同段中，具有独立施工条件和结构功能的工程为（　　）。

A. 分部工程　　B. 单位工程

C. 分项工程　　D. 公路工程

【答案】B　解析：在合同段中，具有独立施工条件和结构功能的工程为单位工程。

6. 根据《公路工程质量检验评定标准　第一册　土建工程》（JTG F80/1—2017），对实测项目按规定的检查方法和频率进行（　　）并计算合格率。

A. 见证抽样检验　　B. 随机抽样检验

C. 验证性检验　　D. 平行抽样检验

【答案】B　解析：对实测项目按规定的检查方法和频率进行随机抽样检验并计算合格率。

7. 根据《水运工程质量检验标准》(JTS 257—2008)，施工范围较大的分项工程宜将分项工程划分为若干（　　）。

A. 检验组　　B. 施工段

C. 检验批　　D. 子分项

【答案】C　解析：施工范围较大的分项工程宜将分项工程划分为若干检验批。

二、判断题（每题1分）

1.《公路工程质量检验评定标准》是公路工程施工质量最低限值标准。（　　）

【答案】对　解析：该标准是公路工程施工质量的最低限值标准。

2. 根据《水运工程质量检验标准》(JTS 257—2008)，具有公路水运工程等级证书的试验检测机构可承担见证抽样检验及有关结构安全检验。（　　）

【答案】对　解析：具有公路水运工程等级证书的试验检测机构可承担见证抽样检验及有关结构安全检验。

3. 根据《水运工程质量检验标准》(JTS 257—2008)，单位工程质量预验收合格后，建设单位应在规定时间内将工程质量检验有关文件报水运工程质量监督部门申请质量鉴定。（　　）

【答案】对　解析：单位工程质量预验收合格后，建设单位应在规定时间内将工程质量检验有关文件报水运工程质量监督部门申请质量鉴定。

三、多选题（每题2分，下列各题均有2个或2个以上备选答案符合题意，有错误选项不得分，选项正确但不完全的每个选项得0.5分，完全正确的得满分。）

1. 分项工程应按（　　）等检验项目分别检查。

A. 基本要求　　B. 实测项目

C. 外观鉴定　　D. 质量保证资料

【答案】ABCD　解析：分项工程质量检验内容包括基本要求、实测项目、外观鉴定和质量保证资料4个部分。

2. 根据《公路工程质量检验评定标准》(JTG F80/1—2017)的规定，分项工程中对（　　）起决定作用的检查项目为关键项目。

A. 结构安全　　B. 耐久性

C. 主要使用功能　　D. 外观质量

【答案】ABC　解析：分项工程中对结构安全、耐久性和主要使用功能起决定性作用的检查项目为关键项目，其他项目为一般项目。关键项目的合格率应不低于95%（机电工程为100%），一般项目的合格率应不低于80%。

3. 公路工程质量检验评定按（　　）逐级评定。

A. 分项工程　　B. 分部工程
C. 单位工程　　D. 系统工程

【答案】ABC　解析：工程质量等级评定分为合格与不合格，应按分项工程、分部工程、单位工程、合同段和建设项目逐级评定。

4.《水运工程质量检验标准》（JTS 257—2008）适用于（　　）。

A. 港口工程　　B. 航道工程
C. 修造船厂水工建筑物　　D. 水利设施

【答案】ABC　解析：《水运工程质量检验标准》适用于港口工程、航道工程和修造船厂水工建筑物工程等水运工程质量的检验。

5. 根据《水运工程质量检验标准》（JTS 257—2008）的要求，以下所述的检验批合格条件正确的是（　　）。

A. 主要检测项目的质量经检验应全部合格
B. 一般检验项目中允许偏差的抽检合格率应达到80%及其以上
C. 允许偏差中的不合格点最大偏差值对于影响结构安全和使用功能的不得大于允许偏差值的1.2倍
D. 允许偏差中的不合格点最大偏差值对于机械设备安装工程不得大于允许偏差值的1.5倍

【答案】AB　解析：CD答案的倍数反了，正确说法是允许偏差中的不合格点最大偏差值对于影响结构安全和使用功能的不得大于允许偏差值的1.5倍；对于机械设备安装工程不得大于允许偏差值的1.2倍。

6. 依据《水运工程质量检验标准》（JTS 257—2008）的规定，主要检验项目是指分项工程中对（　　）起决定作用的项目。

A. 安全　　B. 卫生
C. 环境保护　　D. 公众利益

【答案】ABCD　解析：主要检验项目是指分项工程中对安全、卫生、环境保护和公众利益起决定性作用的检验项目。

7. 依据《公路工程质量检验评定标准　第一册　土建工程》（JTG F80/1—2017）的规定，在分部工程中应根据（　　）划分分项工程。

A. 施工工序　　B. 工艺
C. 材料　　D. 路段长度

【答案】ABC　解析：分部工程应按不同的施工工序、工艺或材料等划分为分项工程。

8. 依据《公路工程质量检验评定标准　第一册　土建工程》（JTG F80/1—2017）的规定，单位工程质量评定合格应符合（　　）。

A. 评定资料完整　　B. 所含分部工程应合格
C. 外观质量应满足要求　　D. 所含合同段合格

【答案】ABC　解析：当单位工程的评定资料完整、所含分部工程合格、外观质量满足要求时，该单位工程评定为合格，否则为不合格。

9. 依据《公路工程质量检验评定标准　第一册　土建工程》（JTG F80/1—2017）的规定，检查项目合格判定应符合（　　）。

A. 关键项目的合格率不低于95%（机电工程为100%）

B. 一般项目的合格率不低于80%

C. 单个检测值不突破规定极值

D. 单个检测值突破极值的比例低于5%

【答案】ABC　解析：D答案正确说法是任何一个检测值都不能突破规定极值。

10. 依据《公路工程质量检验评定标准　第一册　土建工程》（JTG F80/1—2017）的规定，工程质量评定等级分为（　　）。

A. 优良　　B. 良好

C. 合格　　D. 不合格

【答案】CD　解析：工程质量评定等级分为合格与不合格。

11. 根据《公路工程质量检验评定标准　第一册　土建工程》（JTG F80/1—2017），检验项目不合格的，应进行（　　）直至合格。

A. 整修　　B. 加固

C. 返工处理　　D. 补强或调测

【答案】AC　解析：检验项目评为不合格的，应进行整修或返工处理直至合格。

教材外补充　重要规范考点浓缩

速记宝典

教材外补充规范

- 检验检测机构诚信基本要求（GB/T 31880—2015）
- 强制性国家标准管理办法
- 实验室信息管理系统管理规范（RB/T 028—2020）
- 能力验证计划的选择与核查及结果利用指南（RB/T 031—2020）
- 检验检测机构管理和技术能力评价　建设工程检验检测要求（RB/T 043—2020）
- 检验检测机构管理和技术能力评价　设施和环境通用要求（RB/T 047—2020）
- 检测和校准结果及与规范符合性的报告指南（RB/T 197—2015）
- 检验检测实验室技术要求验收规范（GB/T 37140—2018）
- 检测和校准实验室能力的通用要求（GB/T 27025—2019）
- 公路水运工程安全生产条件通用要求（JT/T 1404—2022）

《检验检测机构诚信基本要求》（GB/T 31880—2015）

1. 本标准综合运用了诚信管理、质量管理、风险管理、社会责任等理论，依据3C信用评价模型，从法律、技术、管理、责任四个方面考虑检验检测机构的诚信要素，促进检验检测机构建立以法律为保障、技术和管理为支撑、责任为基础的诚信保障机制。检验检测机构诚信的基本要求包括法律、技术、管理和责任等方面。诚信是个人或组织诚实守信的行为与规范，包括在从业活动中承诺与行为的一致性。检验检测机构应收集内部和外部诚信信息，开展诚信自我评价或第三方评价，以验证自身诚信的状况。

2. 检验检测机构应确保其管理人员、操作人员、核查人员等接受诚信相关的培训，确保每位人员的能力满足工作岗位的要求。计算机和自动化设备功能应正常，并进行验证和有效维护。对检验检测样品的标识、储存、流转和处理进行管理，检验检测机构应严格依据检验检测制度、标准、方法、程序、方案、作业指导书等从事检验检测工作，检验检测方法的偏离，应有相关文件规定，且该偏离须经技术判断、获得批准和客户接受。检验检测机构应建立、实施并保持应急准备和响应程序，以应对可能对结果造成影响的紧急情况或事故。

3. 检验检测机构应准确、清晰、明确和客观地报告每一项检验检测结果，检验检测机构人员不应（但不限于）：与其所从事的检验检测项目委托方存在不正当利益关系；参与任何有碍于检验检测判断独立性和公正性的活动；参与和检验检测项目或者类似的竞争性项目有关系的产品的生产、经营活动；谋求不正当利益，威胁诱骗或者利用欺诈的手段影响检验检测数据和结果；出具虚假数据和结果或不客观报告数据和结果。检验检测记录、报告、证书不应随意涂改。原始记录应完整、真实和可追溯，并得到妥善保存和管理。检验检测人员应对原始记录的真实性负相应法律责任。

4. 检验检测机构实施检验检测时，需要或者已经发生偏离合同要求时，应及时告知客户，配合客户分析偏离带来的影响，并取得客户的书面同意。当偏离合同带来不良后果的，检验检测机构应当承担相应责任。诚信文化建设应包括质量意识、诚信理念、品牌效应、社会承诺。检验检测机构可通过制定诚信要素识别和诚信要素监控等程序，建立诚信保障机制。在检验检测、服务、运行中发现带有区域性、普遍性以及危及人身和财产安全的重大质量问题时，应当及时向有关政府部门报告。

《强制性国家标准管理办法》

5. 制定强制性国家标准应当坚持通用性原则，应当结合国情采用国际标准。社会团体、企业事业组织以及公民可以向国务院标准化行政主管部门提出强制性国家标准的立项建议，国务院标准化行政主管部门对强制性国家标准项目公开征求意见时，期限不得少于30日，紧急情况下可以缩短但不得少于7日。强制性国家标准应当对相关事项进行调查分析、实验、论证。组织起草部门对强制性国家标准征求意见稿、编制说明以及拟定的过渡期向社会公开征求意见时，期限不少于60日，紧急情况下可缩短但不得少于30日。强制性国家标准审查专家组人数不得少于15人，起草人员不得承担技术审查工作。强制性国家标准不能按计划时限报送的，组织起草部门应当提前30日向国务院标准化行政主管部门说明情况，并申请延长期限，延长期限不得超过1年。

6. 强制性国家标准的编号由强制性国家标准代号（GB）、顺序号和年代号构成。国务院标准化行政主管部门应当自强制性国家标准发布之日起二十日内，在全国标准信息公共服务平台上免费公开标准文本。强制性国家标准从项目计划下达到报送报批稿的期限一般不得超过2年；从收到报批稿到授权批准发布的期限一般不得超过2个月。强制性国家标准发布后实施前，企业可以选择执行原强制性国家标准或者新强制性国家标准。新强制性国家标准实施后，原强制性国家标准同时废止。强制性国家标准的解释与标准具有同等效力，强制性国家标准实施情况统计分析报告包括实施情况总体评估、具体实施效果、存在的问题和改进建议等。组织起草部门对强制性国家标准进行复审的周期一般不得超过5年，复审后提出继续有效、修订或废止的结果。其中复审结论为废止的公开征求意见一般不得少于30日。

《实验室信息管理系统管理规范》（RB/T 028—2020）

7. 实验室信息管理系统由计算机及其相关配套设备、设施（含网络）和软件构成，对数据和信息进行采集、记录、报告、存储、传输、检索、统计、分析等处理功能。实验室应通过日常监控、内部审核、外部评审、管理评审等途径，核查LIMS及其辅助设备设施的安全性、适用性和先进性。产品包括LIMS硬件和软件，服务可包括LIMS建设、运行、维护或退役服务。实验室应建立LIMS使用的配套硬件和软件管理程序，明确设备使用、维护、定期核查等要求，防止故障失灵或数据信息丢失。实验室应建立和保持新设备接入LIMS的程序，包括申请、批准、接入、数据验证等要求。

8. 可行性分析用于确保LIMS项目在政策、财务、运行、技术方面的可行性。技术参数包含功能范围、业务流程、数据等详细内容，对于功能复杂或较项目建议书改动较大的技术参数，宜组织专家进行评审，评审应由不少于5人的业务领域专家和信息化专家组成。LIMS开发过程中，当涉及需求、合同、计划和关键开发人员变更时，LIMS项目负责人应及时向实验室管理层提交书面报告。实验室人员应有能力正确使用LIMS，对LIMS使用过程中获得或产生的所有信息保密，并保存相关记录。实验室应有LIMS使用人员监督和能力监控程序，定期对 LIMS 使用人员监督和能力监控。实验室尚保留线下管理时，应设置线上和线下人员岗位的对照关系，确保实验室活动的一致性和可追溯性。

9. 商业软件在其涉及的应用范围内使用可被视为已经过充分的确认。实验室应授权不同员工相应的使用权限，确保员工根据授权权限收集、处理、记录、报告、贮存或恢复实验室活动数据和信息。备份的数据应按照原始数据管理，确保数据的完整性、可用性和安全性。应建立和保持 LIMS 记录和报告的查阅审批机制，规定检索时限，确保操作人员、内部其他人员、客户和外部其他人员在授权范围内查阅记录和报告。LIMS 维护包括适应性维护和改正性维护，其中适应性维护是指为了适应变化对系统运行环境所做的适当变更，改正性维护是指运行中发现了系统中的错误或潜在风险需要修正。实验室应建立和保持 LIMS 维护程序，以确保 LIMS 数据和信息维护的准确性、完整性和安全性。维护人员应定期核查备份数据的完整性及备份介质标识的正确性。在 LIMS 发生故障并造成重要信息丢失、损害后，应利用备份数据进行系统恢复。退役数据的保存年限应满足法律法规、认证认可管理部门和客户的要求。

《能力验证计划的选择与核查及结果利用指南》（RB/T 031—2020）

10. 能力验证计划是在检测、测量、校准或检验的某个特定领域，设计和运作的一轮或多轮次能力验证。一项能力验证计划可以包含对能力验证样品的一种或多种特定类型的检测、校准或检验。尽管离群值通常会产生行动信号，但行动信号亦可能由非离群值产生。能力评定标准差仅适用于比例尺度和区间尺度的结果。并非所有的能力验证计划都根据结果的离散性进行评价。能力验证计划需要对实施机构能力验证相关文件和信息进行核查的 3 种类型：获准认可的 PTP 在其认可范围外运作的能力验证计划、行业主管部门或行业协会组织的实验室间比对、其他机构组织的实验室间比对。校准领域能力验证的指定值（参考值）应具有可溯源性，原则上参考值的测量不确定度应优于参加者。参加者应可获取样品制备及其均匀性和稳定性等必要信息，包括样品制备、均匀性和稳定性检验的测量数据、取样方式、取样数量、测量方法、评价方式。

11. 均匀性检验的测量方法应具有充分小的重复性标准差，重复性标准差与能力评定标准差之比通常应小于 0.5。电气领域的能力验证往往对样品实施全部检验。对于批量样品，通常样品间的不均匀和不稳定标准差均不应超过 0.3。通常指定值的不确定度不应超过 0.3。对于样品的均匀性，可利用 $S \leqslant 0.3$ 准则或 F 检验进行评价【口诀：夫君】。稳定性可利用 $|\bar{x}-\bar{y}| \leqslant 0.3$ 准则或 t 检验进行评价【口诀：挺稳】。适当时也可用线性回归分析的方法判断样品的稳定性。当使用稳健统计方法时，通常无须验证参加者结果是否成正态分布，但至少须确认其单峰和近似对称。参加者宜通过数据直方图或核密度图核查结果分布是否对称，统计假设是否合理，是否存在异常等。采用经典统计方

法前通常应剔除离群值。

12. 指定值的选择与计算是能力验证计划成功的关键，定性计划确定指定值的方法有专家判定、利用标准物质/标准样品的参考值、已知物品来源和利用参加者结果众数或中位值；定量计划确定指定值的方法有配方法、有证参考值、独家定值、专家公议值和参加者公议值。确定能力评定标准差的5种方法有规定值、经验值、一般模型、测量方法精密度试验和由参加者结果确定。纠正措施有效性的验证方式包括：再次参加能力验证计划（包括测量审核）或通过评审组的现场评审。当实验室的能力验证结果为可疑或有问题时，应对相应项目进行风险评估，必要时采取预防或纠正措施。

《检验检测机构管理和技术能力评价　建设工程检验检测要求》(RB/T 043—2020)

13. 机构的专业技术人员中，从事本岗位检验检测工作3年以上的专业技术人员应不少于总人数的30%，从事每个专项的检验检测人员应不少于3人。机构的技术负责人可根据机构专业的分布设置1人或多人，其从事相关检验检测工作和技术管理工作的经历应不少于5年。机构的质量负责人，应具有3年以上管理经历，应经过培训并考核合格。机构的授权签字人应具有5年以上工作经历，审核人员应具有不少于2年的工作经历。机构的监督人员应具有不少于3年的工作经历。机构应建立安全防护管理制度，并根据不同的试验检测环境识别危险源，采取对应的安全防护措施。机构应建立废弃物处置管理制度，对不能自行处理的有害废弃物，应委托具有相应资质的机构处理，并应符合环保及公安部门的相关要求。

14. 危险源一般包括工程现场的高处作业、有毒有害物品及放射性物品等。用于建设工程现场检验检测的设备，应有专人保管并进行出入库登记，在使用前和返回后应对其功能和状态进行核查。在电子采集设备投入使用前应进行功能确认，确保记录信息的准确性、完整性，避免原始数据的丢失或变动。机构使用非标方法进行检验检测时，应通过合同评审确认使用非标方法的可行性，并通过书面合同征得客户的同意。对于涉及结构安全检验检测结果不合格情况的应及时报告工程所在地的行业主管部门。涉及结构安全性的检验检测记录和报告应保存20年，其他检验检测报告与记录保存期限不应少于6年。

《检验检测机构管理和技术能力评价　设施和环境通用要求》(RB/T 047—2020)

15. 本标准适用于对新建、改建和扩建的固定、临时和可移动检验检测场所的设施和环境条件的评价。不适用于仅从事科研、医学及保健、职业卫生技术评价服务、动植物检疫以及建设工程质量鉴定、房屋鉴定、消防设施维护保养检测等机构的设施和环境条件的评价。固定场所宜将场所划分为检验检测核心区域、辅助区域和公共设施区域，其中核心区域包括样品接收、样品储存、样品制备、检验检测、样品处理、试剂存放、耗材存放等房间或区域。检验检测核心区域与其他区域应分开设置或隔离，同时能满足人流、物流的要求。

16. 检验检测场所应分别设置生活、检验检测、污水和废水处理及消防等给排水系统。供配电负荷应满足检验检测、公用设施、仪器设备、照明和办公等用电要求，并有适当的冗余，需要时配备双回路或多回路供电。需持续供电的检测项目、涉及不得中断供电要求的设施设备，应有备用电源。应避免多台设备使用共同的电源插座。当需要的气体种类大于3种，或需储存3瓶以上的气体时，宜设立气瓶室，采用集中供气系统。可燃与助燃气体应分开放置，相互间可能反应的气体应分开放置，同类不同浓度的气体应尽量放置在一起。暖通空调系统应满足检验检测活动对内部场所环境温度、湿度和空气质量的要求。非工作时间内产生有毒有害气体达到不可接受程度的场所应设置值班通风装置，值班通风的换气次数不应低于2次/h。

17. 凡含有放射性核素的废水，应根据核素的半衰期长短，分为长寿命和短寿命两种放射性核素废水，并应分别进行处理。易受化学物质灼伤的检验检测活动区域，宜设置紧急洗眼和冲淋装备。当检验检测工作对环境温度和湿度无特殊要求时，工作环境的温度宜维持在16~26℃，相对湿度宜维持在30%~65%。检验检测房间允许噪声级不宜大于55dB（A）。若检测项目或所用的仪器及设备对静电敏感时，应安装适当的防静电工作台面、防静电地板、接地设施以及其他防静电用品。

《检测和校准结果及与规范符合性的报告指南》（RB/T 197—2015）

18. 按孔径允许偏差的上限做止规，下限做通规。检验时若通规能通过，止规不能通过，则可判定孔径合格；若止规通过说明孔径偏大不合格；若通规不能通过说明孔径偏小不合格。【口诀：不通小，止过大】一般情况下，不确定度的表示不宜超过两位有效数字，但在评估阶段和合成不确定度分量时，为了减小数值修约误差，宜至少多保留1位有效数字。检测和校准结果通常分为数值型结果和非数值型结果两种类型。其中数值型结果是指当测量不确定度影响到测量结果的有效性或其使用时，或客户提出要求时，或当不确定度影响到与规范限值的符合性判定时，需计算包含概率约为95%的扩展不确定度。

19. 多数情况下，对于非数值结果可以直接做出其与规范的符合性判断。当规定了上下限区间，测量不确定度与该区间之比通常宜小于或等于1∶3。鼓励使用高于95%的包含概率，避免使用低于95%的包含概率。考虑包含概率为95%的扩展不确定度后也未超过规范限值时，符合性判定为符合或合格；考虑包含概率为95%的扩展不确定度后超过规范限值时，符合性判定为不符合或不合格。在特殊情况下，当某个或多个特定因素影响测量结果时，其影响量不能测量或合理评估时，需在报告中说明。对于校准，通常情况下，进行规范符合性判定时均需考虑测量不确定度。

《检验检测实验室技术要求验收规范》（GB/T 37140—2018）

20. 本标准适用于新建、改建、扩建的检验检测实验室的设计和建设，以及建设方对设计文件的审查和使用验收。不适用于生物安全、动植物检验、净化及医学实验室。新建检验检测实验室的设计应满足主体建筑的安全评价、环境评价、职业卫生评价及节能评价等方面的要求。对于改扩建项目，应正确处理现状与发展、需求与可能的关系，做到规模适宜、功能适用、装备适度、经济合理、安全卫生。检验检测实验室平面布局应优先保证实验室安全、卫生、质量和检测功能的实现。检验检测实验室的典型性总体平面布局可包括实验室核心区域、辅助区域和公共设施区域三大部分，其中核心区域包括样品接收区、样品储存区、样品制备区、实验检测区、样品处理区、危化品区等。宜组合在一起的实验室有同类型、有隔振要求、有防辐射要求、有毒性物质产生、有相同层高要求的特殊设备。实验室功能区域在垂直布局中宜布置在建筑物的底层包括大型或重型设备、大型或重型测试样品对应的测试区域、较大振动或噪声较大的设备、对振动极其敏感的设备、需要做设备强化地基的实验室。宜布置在建筑物的顶层包括产生有毒有害气体的实验室、产生粉尘物质的实验室。

21. 实验室建筑由试验区、辅助区、公用设施区等组成，多个实验室组合的实验室建筑可采用单通道设计、双通道设计、标准单元组合设计。实验室结构形式宜优先采用混凝土框架结构或钢结构，其结构选型及荷载取值应具有适用性、通用性和灵活性。需定期清洗、消毒或有洁净要求的实验室，其地面、墙面和顶棚应为整体式防水防尘构造，地面、墙面和顶棚之间宜做成半径不小于0.05m的半圆角。不设置空调系统的实验室室内净高不低于2.8m；当设置空调系统时，室内净高不低于2.6m，局部小范围可不低于2.4m。

22. 实验室标准单元开间由试验台宽度、布置方式及间距决定。开间尺寸一般不宜小于6.6m。实验室标准单元进深由试验台宽度、通风柜及试验仪器设备布置决定，进深尺寸一般不宜小于6.6m，无通风柜时不宜小于5.7m。单面布房的走道宽度不宜小于1.5m，双面布房的走道宽度不宜小于1.8m，走道净高不应低于2.2m。供试验人员日常通行的楼梯，其踏步宽度应不小于0.28m，高度应不大于0.17m。更衣间每人使用面积不宜小于0.6m^2，更衣间可采用集中式、分散式或两者结合的布置方式。管道空间设计应满足管道敷设、安装和维护检修的要求。利用天然采光的房间，其窗地面积比不应小于1:6。

23. 实验室楼面构造垫层厚度不宜小于50mm，实验室地面回填土压实系数不小于0.95，并应采用配筋混凝土地面。实验室用房采用玻璃隔断分隔时，楼地面以上1m宜采用实体隔墙。实验室墙裙高度应距地面1.2~1.5m，可采用瓷砖墙裙、油漆墙裙等。实验室中有易燃易爆气瓶的其隔墙耐火极限不小于1.5h，与实验室之间联通门应为甲级防火门。由1/2标准单元组成的实验室的门洞口宽度不宜小于1m，高度不宜小于2.1m，由一个及以上标准单元组成的实验室的门洞口宽度不宜小于1.2m，高度不宜小于2.1m。空调房间的外窗宜设不少于窗面积1/3的可开启窗扇。

24. 地下或半地下室建筑和一类高层建筑的耐火等级不应低于一级；单、多层公共建筑和二类高层建筑的耐火等级不应低于二级。一般通用实验室侧面采光的采光系数标准值为3%，室内天然光照度标准值为450lx，室内表面装饰材料的光反射比：地面宜为0.15~0.35，顶棚和墙面宜为0.6~0.8。给排水系统应包括生活给排水系统、实验给排水系统、污废水处理系统及消防水系统等。给排水系统设计应遵循安全、绿色、节能、环保的原则进行。给水系统应根据实验、生活、消防等各项用水对水量、水质、水压和水温的要求，排水系统应根据污废水的性质、浓度、水量、水温等特点设置。实验废水不得作为回用水原水使用。

25. 凡进行强酸、强碱、有毒液体操作并有飞溅爆炸可能的实验室，应就近设置应急喷淋及应急眼睛冲洗器。实验室排水系统应有防回流设计，存水弯或水封高度不得小于50mm。通风与空调系统包含供暖、通风、空气调节、消声隔振和防排烟等系统。宜优先采用自然通风方式，当自然通风方式无法满足需求时，可采用机械通风或复合通风的通风方式。不同电压或频率的线路应分别单独敷设，不应在同一管内敷设。同一设备或实验流水线设备的主回路和无防干扰要求的控制回路可同一管内敷设。吸顶或壁装灯具距离实验室内的实验设备的间距不宜小于0.3m。

26. 采用分区一般照明时，非实验区和走道的照度，不宜低于实验区照度的1/3，采用一般照明加局部照明时，一般照明不宜低于工作面总照度的1/3~1/5，且不宜低于100lx。供电电源工作接地及保护接地的接地电阻值无特殊要求时不应大于4Ω，各种接地宜共用接地装置，无特殊要求时接地电阻值不宜大于1Ω。实验室工作接地与接地装置当电子设备的工作频率低于30kHz时，宜单点式（S形）连接方式；当电子设备的工作频率高于300kHz时，其接地应采用多点式（M形）接地方式。当频率在30~300kHz区间时，宜设置一个等电位接地平面，再以单点接地形式连接到同一接地网。

27. 当实验室需求的气体种类大于3种，或需储存3瓶以上时，宜集中设置气瓶室。

对日用量不超过1瓶气体的实验室，室内可放置一个该种气体的气瓶。气瓶室不应布置在地下室，气瓶室内应将易燃与助燃气体分区储存，中间为防爆墙体隔断；使用的空瓶和实瓶应分开储存，距离不少于2m，且应有空瓶与满瓶标识。气瓶室应有换气次数不小于3次/h的通风措施，存放可燃气体时换气次数不应小于6次/h。事故通风换气次数不应小于12次/h。当管道井、管道技术层内敷设有氢气和其他易燃易爆气体管道时，应有换气次数为1～3次/h的通风措施。

28. 氢气、氧气管道的末端和最高点宜设放空管，放空管应高出层顶2m以上。确保通风柜前有害气体逸出浓度不大于0.5mL/m³。通风柜操作口处的最大及最小平均风速值的偏差应小于15%。安防系统设计应优先考虑消防、应急和人员疏散的要求。实验室允许噪声级不宜大于55dB（A），实验室验收应按工程验收和使用验收两方面进行。使用验收应在环境设备、设施运转接近设计负荷，连续运行48h以上，试验人员进行正常操作条件下进行。

《检测和校准实验室能力的通用要求》（GB/T 27025—2019）

29. 实验室活动包括检测、校准、抽样三种活动，危及实验室公正性的关系可能基于所有权、控制权、管理、人员、共享资源、财务、合同、市场营销、支付销售佣金或引荐客户的佣金。实验室对于从客户以外的渠道所获取的有关客户的信息，应在客户和实验室间保密，除非信息的提供方同意，实验室应为信息提供方保密，且不应告知客户。实验室应对在实施实验室活动过程中获得或产生的所有信息保密。如果设备有过载或处置不当、给出可疑结果、已显示有缺陷或超出规定要求时，应停止使用。当客户要求的方法不合适或过期的，实验室应通知客户。如果在工作开始后修改合同，应重新进行合同评审，并将修改内容通知所有受到影响的人员。当客户未指定所用的方法时，实验室应选择适当的方法并通知客户。

30. 对所有实验室活动方法的偏离，应事先将该偏离形成文件，经技术判断，获得授权并被客户接受。实验室应获得正确开展实验室活动所需的并影响结果的设备，包括但不限于：测量仪器、软件、测量标准、标准物质、参考数据、试剂、消耗品或辅助装置。实验室应授权人员从事特定的实验室活动，包括但不限于下列活动：开发修改、验证和确认方法；分析结果，包括符合性声明或意见和解释；报告、审查和批准结果。

《公路水运工程安全生产条件通用要求》（JT/T 1404—2022）

31. 管理体系要素包括项目机构设置、人员配备、安全管理制度、安全技术保障、应急管理、作业安全管理等。风险评估是对潜在的风险进行辨识、分析、估测并提出控制措施的系列工作。事故隐患是可能导致事故发生的人的不安全行为、物（环境）的不安全状态和管理上的缺陷。应急预案由项目综合应急预案、合同段施工专项应急预案和现场处置方案组成。两区三场指公路水运工程建设项目中的生活区、办公区和钢筋加工场、拌和场、预制场的统称。建设单位应保证合理施工工期，任何单位不应随意压缩工期。两个以上施工单位在同一作业区域进行施工，可能危及对方安全生产的，应书面明确各自职责和应采取的安全措施。

32. 施工单位主要负责人和安全生产管理人员应通过交通运输主管部门对其安全生产知识和管理能力考核合格，取得安全生产考核合格证书。电工、焊接与热切割作业人员、架子工等特种作业人员应取得作业资格证书后方可上岗作业。施工单位应遵守安全管理制度，制止和纠正违章指挥、违章作业、违反劳动纪律等行为。超过一定规模的危险性较大分部分项工程的专项施工方案应通过专家论证。重大事故隐患治理应明确责任、措施、资金、时限、预案等相关要求。两区三场不应设置在已发现的泥石流影响区、滑坡体等危险区域。生活区、办公区用房建筑构件其芯材的燃烧性能等级应为 A 级。施工现场临时用电应实行三级配电，设置逐级回路保护。用电设备应满足“一机一闸一漏”的要求，动力开关箱与照明开关箱应分别设置。

33. 高出作业下方应设置警戒区，不应同时上下交叉作业。六级及六级以上大风或大雨、大雪、大雾等恶劣天气时，不应进行露天起重吊装作业。预制的钢筋骨架和钢筋网应具有足够的刚度和稳定性，高度超过 2m 的钢筋骨架应采取防倾覆措施。桥梁悬浇不应采用配重式挂篮设备，挂篮结构应满足强度、刚度和稳定性要求。架桥机轨道应设置限位器、缓冲器等安全装置，垫木一般不多于 3 层。悬索桥猫道的强度、刚度和抗风稳定性应符合要求。桥梁拆除作业不应立体交叉作业。沉箱出运前，施工单位应对顶升、承重、牵引、制动系统进行检查验收和试运转。沉箱起浮或近程浮运拖带，施工单位应对沉箱吃水、压载和浮游稳定进行验算。航道整治工程应结合工程特点明确度汛、防台、防冰凌、防风暴潮等措施。

【重要规范考点浓缩】学员笔记 「创作不易，且学且珍惜」

真题汇编

※※《检验检测机构诚信基本要求》（GB/T 31880—2015）※※

【单选题】

1.《检验检测机构诚信基本要求》（GB/T 31880—2015）要求检验检测机构应向社会和监管部门提交诚信报告；检验检测人员应对原始记录的真实性负相应的（　　）责任。

A. 连带　　B. 法律

C. 主要　　D. 次要

【答案】B　解析：检验检测机构应向社会和监管部门提交诚信报告；检验检测人员应对原始记录的真实性负相应法律责任。

2.《检验检测机构诚信基本要求》（GB/T 31880—2015）要求检验检测机构在检验检测、服务、运行中发现带有区域性、普遍性以及危及人身和财产安全的重大质量问题时，应采取的措施是（　　）。

A. 及时通报委托方，并阐明所存在的问题

B. 及时发布相关信息告知潜在的受危害人或单位

C. 及时向上级管理部门汇报

D. 及时向有关政府部门报告

【答案】D　解析：在检验检测、服务、运行中发现带有区域性、普遍性以及危及人身和财产安全的重大质量问题时，应当及时向有关政府部门报告。

3. 根据《检验检测机构诚信基本要求》（GB/T 31880—2015）的要求，检测机构可通过建立（　　）的识别和监控的程序，建立诚信保证机制。

A. 风险　　B. 不合格

C. 危险源　　D. 诚信要素

【答案】D　解析：检验检测机构可通过制定诚信要素识别和诚信要素监控等程序，建立诚信保证机制。

4. 按照《检验检测机构诚信基本要求》（GB/T 31880—2015）的规定，为应对可能对试验检测结果造成影响的紧急情况或事故，检验检测机构应当（　　）。

A. 定期进行安全隐患检查　　B. 启动偏离程序

C. 建立并保持应急准备和响应程序　　D. 制订环境控制的文件和记录

【答案】C　解析：检验检测机构应建立、实施并保持应急准备和响应程序，以应对可能对结果造成影响的紧急情况或事故。

5. 依据《检验检测机构诚信基本要求》（GB/T 31880—2015）的规定，检验检测机构诚信的基本要求包括法律要求、技术要求、管理要求和（　　）。

A. 业绩要求　　B. 履约要求

C. 组织要求　　D. 责任要求

【答案】D　解析：检验检测机构诚信的基本要求包括法律、技术、管理和责任等方面。

6. 根据《检验检测机构诚信基本要求》（GB/T 31880—2015），对用于检验检测的计算机应（　　）。

A. 定期检定　　B. 定期校准

C. 定期期间核查　　D. 进行验证和有效维护

【答案】D　解析：计算机和自动化设备功能应正常，并进行验证和有效维护。

7. 根据《检验检测机构诚信基本要求》（GB/T 31880—2015），诚信是个人或组织诚实守信的行为规范，包括在从业活动中承诺与（　　）的一致性。

A. 法律要求　　B. 管理体系规定

C. 行动　　D. 客户要求

【答案】C　解析：诚信是个人或组织诚实守信的行为与规范，包括从业活动中承诺与行为的一致性。

【判断题】

1. 按照《检验检测机构诚信基本要求》（GB/T 31880—2015）的规定，经客户同意，当偏离合同带来不良后果的，检测机构不应承担相应责任。（　　）

【答案】错　解析：检验检测机构实施检验检测时，需要或者已经发生偏离合同要求时，应及时告知客户，配合客户分析偏离带来的影响，并取得客户的书面同意。当偏离合同带来不良后果的，检验检测机构应当承担相应责任。

2. 根据《检验检测机构诚信基本要求》（GB/T 31880—2015），检验检测机构主要通过成体系的诚信相关管理制度落实诚信要求，无需开展诚信相关培训。（　　）

【答案】错　解析：检验检测机构应确保其管理人员、操作人员、核查人员等接受诚信相关的培训，确保每位人员的能力满足工作岗位的要求。

3. 根据《检验检测机构诚信基本要求》（GB/T 31880—2015），检验检测机构应通过开展自我评价或第三方评价验证自身诚信的状况。（　　）

【答案】对　解析：检验检测机构应收集内部和外部诚信信息，开展诚信自我评价或第三方评价，以验证自身诚信的状况。

【多选题】

1. 按照《检验检测机构诚信基本要求》（GB/T 31880—2015）的规定，诚信文化建设应包括（　　）。

A. 质量意识　　B. 诚信理念

C. 品牌效应　　D. 社会承诺

【答案】ABCD　解析：诚信文化建设应包括质量意识、诚信理念、品牌效应、社会承诺。

2. 按照《检验检测机构诚信基本要求》（GB/T 31880—2015）的规定，检验检测机构的人员不应有的行为包括（　　）。

A. 与其所从事检验检测项目委托方，存在利益关系

B. 参与被检测产品的生产、经营活动

C. 参与样品的抽样活动

D. 出具不客观数据或结果

【答案】BD　解析：检验检测机构人员不应（但不限于）：与其所从事的检验检测项目委托方存在不正当利益关系；参与任何有碍于检验检测判断独立性和公正性的活动；参与和检验检测项目或者类似的竞争性项目有关系的产品的生产、经营活动；谋求不正当利益，威胁诱骗或者利用欺诈的手段影响检验检测数据和结果；出具虚假数据和结果或不客观报告数据和结果。

3. 根据《检验检测机构诚信基本要求》（GB/T 31880—2015），检验检测方法的偏离，应（　　）。

A. 有相应的程序文件　　B. 经过技术判断

C. 经过审批　　D. 得到资质认定部门的同意

【答案】ABC　解析：检验检测方法的偏离，应有相关文件规定，且该偏离须经技术判断、获得批准和客户接受。

4.《检验检测机构诚信基本要求》（GB/T 31880—2015）依据“3C”信用评价模型，从（　　）等方面考虑检测机构的诚信要素。

A. 法律　　B. 技术

C. 管理　　D. 责任

【答案】ABCD　解析：依据“3C”信用评价模型，从法律、技术、管理、责任四个方面考虑检验检测机构的诚信要素。

※※《强制性国家标准管理办法》※※

【单选题】

1. 下列不属于强制性国家标准编号组成部分的是（　　）。

A. 强制性国家标准代号（GB）　　B. 顺序号

C. 标准号　　D. 年代号

【答案】C　解析：强制性国家标准的编号由强制性国家标准代号（GB）、顺序号和年代号构成。

2. 根据《强制性国家标准管理办法》，制定强制性国家标准应当坚持（　　）原则，优先制定适用于跨领域跨专业的产品、过程或者服务的标准。

A. 实用性　　B. 科学性

C. 适用性　　D. 通用性

【答案】D　解析：制定强制性国家标准应当坚持通用性原则，优先制定适用于跨领域跨专业的产品、过程或者服务的标准。

3. 国务院标准化行政主管部门应当自强制性国家标准发布之日起（　　）内，在全国标准信息公共

服务平台上免费公开标准文本。

A. 十日　　B. 十五日

C. 二十日　　D. 三十日

【答案】C　解析：国务院标准化行政主管部门应当自强制性国家标准发布之日起二十日内，在全国标准信息公共服务平台上免费公开标准文本。

【判断题】

1. 强制性国家标准发布后和实施前，企业可以选择执行原强制性国家标准或者新强制性国家标准。（　　）

【答案】对　解析：强制性国家标准发布后实施前，企业可以选择执行原强制性国家标准或者新强制性国家标准。

2. 强制性标准文本应当免费向社会公开。（　　）

【答案】对　解析：国务院标准化行政主管部门应当自发布之日起二十日内在全国标准信息公共服务平台上免费公开强制性国家标准文本。

3. 社会团体、企业事业组织以及公民不能向国务院标准化行政主管部门提出强制性国家标准的立项建议。（　　）

【答案】错　解析：社会团体、企业事业组织以及公民可以向国务院标准化行政主管部门提出强制性国家标准的立项建议。

※※《实验室信息管理系统管理规范》（RB/T 028—2020）※※

【单选题】

1. 依据《实验室信息管理系统管理规范》（RB/T 028—2020）的规定，退役数据的保存要求为（　　）。

A. 保存年限为 6 年

B. 保存年限为 10 年

C. 长期保存

D. 满足法律法规、认证认可管理部门和客户的要求

【答案】D　解析：退役数据的保存年限应满足法律法规、认证认可管理部门和客户的要求。

2. 根据《实验室信息管理系统管理规范》（RB/T 028—2020），实验室信息管理系统维护人员应定期核查备份数据的（　　）。

A. 可靠性　　B. 完整性

C. 准确性　　D. 正确性

【答案】B　解析：维护人员应定期核查备份数据的完整性及备份介质标识的正确性。

3. 根据《实验室信息管理系统管理规范》（RB/T 028—2020），在 LIMS 发生故障并造成重要信息丢

失、损害后，应利用（　　）进行恢复。

A. 源代码　　B. 硬盘恢复工具

C. 系统最初版本　　D. 备份数据

【答案】D　解析：在 LIMS 发生故障并造成重要信息丢失、损害后，应利用备份数据进行系统恢复。

【判断题】

1. 根据《实验室信息管理系统管理规范》（RB/T 028—2020），实验室应对实验室信息管理系统使用人员统一授权，方便授权人员检索、调取、统计、分析、查阅和使用相关数据和信息。（　　）

【答案】错　解析：实验室应授权不同员工相应的使用权限，确保员工根据授权权限收集、处理、记录、报告、贮存或恢复实验室活动数据和信息。不是统一授权，应该是分别授权不同员工。

2. 根据《实验室信息管理系统管理规范》（RB/T 028—2020），机构应避免客户和外部人员进入实验室信息管理系统。（　　）

【答案】错　解析：应建立和保持 LIMS 记录和报告的查阅审批机制，规定检索时限，确保操作人员、内部其他人员、客户和外部其他人员在授权范围内查阅记录和报告。

3. 根据《实验室信息管理系统管理规范》（RB/T 028—2020），实验室不仅应对实验室信息管理系统的使用人员进行监督，还应进行能力监控。（　　）

【答案】错　解析：实验室应有 LIMS 使用人员监督和能力监控程序，定期对 LIMS 使用人员监督和能力监控。

4. 根据《实验室信息管理系统管理规范》（RB/T 028—2020），实验室人员应对 LIMS 使用过程中获得或产生的所有信息保密。（　　）

【答案】对　解析：实验室人员应有能力正确使用 LIMS，对 LIMS 使用过程中获得或产生的所有信息保密，并保存相关记录。

【多选题】

1. 依据《实验室信息管理系统管理规范》（RB/T 028—2020）的规定，以下关于实验室信息系统管理描述正确的有：（　　）。

A. 商业软件在其涉及的应用范围内使用可被视为已经过充分的确认

B. 实验室应方便授权人员检索、调取、统计、分析、查阅和使用相关数据和信息，以便对检测数据和结果进行审核和风险评估

C. 适宜时，可远程审查和批准 LIMS 报告，妥善实施使用电子签章

D. 改正性维护是指运行中发现系统中的错误或潜在风险需要修正

【答案】ABCD　解析：所有选项全部正确。

2. 根据《实验室信息管理系统管理规范》（RB/T 028—2020），LIMS 系统的功能包括实现（　　）的电子化管理。

A. 检验检测过程和结果

B. 质量监控评价过程和结果

C. 资源和行政活动过程和结果

D. 有关过程的数据和结果的查询、分析、统计、报告

【答案】ABCD 解析：所有选项均属于 LIMS 系统的功能。

※※《能力验证计划的选择与核查及结果利用指南》（RB/T 031—2020）※※

【单选题】

1. 依据《能力验证计划的选择与核查及结果利用指南》（RB/T 031—2020）的规定，以下说法正确的是（　　）。

A. 所有能力验证计划都要根据结果的离散性进行评价

B. 能力评定标准差仅适用于比例尺度和区间尺度的结果

C. 行动信号由离群值产生

D. 能力验证计划不可以使用多种检测方法

【答案】B 解析：A 答案正确说法是并非所有的能力验证计划都根据结果的离散性进行评价。C 答案正确说法是尽管离群值通常会产生行动信号，但行动信号亦可能由非离群值产生。D 答案正确说法是一项能力验证计划可以包含对能力验证样品的一种或多种特定类型的检测、校准或检验。

2. 根据《能力验证计划的选择与核查及结果利用指南》（RB/T 031—2020），如果能力评定标准差未知，可用（　　）初步评定样品的均匀性。

A. 定性分析法　　B. 抽样检测样品标准差

C. F 检验　　D. t 检验

【答案】C 解析：对于样品的均匀性，可利用 $S \leqslant 0.3$ 准则或 F 检验进行评价。稳定性可利用 $|\overline{x}-\overline{y}| \leqslant 0.3$ 准则或 t 检验进行评价。适当时也可用线性回归分析的方法判断样品的稳定性。

【判断题】

1. 根据《能力验证计划的选择与核查及结果利用指南》（RB/T 031—2020），当选择参加国际认可合作组织运作的能力验证计划时，实验室应对实施机构能力验证相关文件和信息进行核查。（　　）

【答案】错 解析：能力验证计划需要对实施机构能力验证相关文件和信息进行核查的 3 种类型：获准认可的 PTP 在其认可范围外运作的能力验证计划、行业主管部门或行业协会组织的实验室间比对、其他机构组织的实验室间比对。

【多选题】

1. 根据《能力验证计划的选择与核查及结果利用指南》（RB/T 031—2020），样品的稳定性可利用：（　　）进行评价或判断。

A. $|\overline{x}-\overline{y}| \leqslant 0.3\sigma$ 准则　　B. t 检验

C. 线性回归分析方法　　D. F 检验

【答案】ABC　解析：对于样品的均匀性，可利用 $S\leqslant 0.3$ 准则或 F 检验进行评价。稳定性可利用 $|\bar{x}-\bar{y}|\leqslant 0.3$ 准则或 t 检验进行评价。适当时也可用线性回归分析的方法判断样品的稳定性。

※※《检验检测机构管理和技术能力评价　建设工程检验检测要求》（RB/T 043—2020）※※

【单选题】

1. 根据《检验检测机构管理和技术能力评价　建设工程检验检测要求》（RB/T 043—2020），审核人员应具有不少于（　　）年的相关检验检测工作经历。

A. 2　　B. 3

C. 5　　D. 8

【答案】A　解析：机构的技术负责人、质量负责人、授权负责人、审核人员、监督人员对应的工作经历应分别不少于5年、3年、5年、2年、3年。

2. 根据《检验检测机构管理和技术能力评价　建设工程检验检测要求》（RB/T 043—2020），在电子采集设备投入使用前应进行（　　），确保记录信息的准确性、完整性。

A. 改进　　B. 校准

C. 功能确认　　D. 试运行

【答案】C　解析：在电子采集设备投入使用前应进行功能确认，确保记录信息的准确性、完整性，避免原始数据的丢失或变动。

3. 根据《检验检测机构管理和技术能力评价　建设工程检验检测要求》（RB/T 043—2020），机构使用非标方法进行检验检测时，应通过（　　）确认使用非标方法的可行性。

A. 最高管理者　　B. 技术负责人

C. 合同评审　　D. 内部审核

【答案】C　解析：机构使用非标方法进行检验检测时，应通过合同评审确认使用非标方法的可行性，并通过书面合同征得客户的同意。

4. 根据《检验检测机构管理和技术能力评价　建设工程检验检测要求》（RB/T 043—2020），机构的技术负责人从事（　　）相关工作的经历应不少于5年。

A. 工程建设　　B. 技术研发

C. 技术质量管理　　D. 检验检测和技术管理

【答案】D　解析：机构的技术负责人可根据机构专业的分布设置1人或多人，其从事相关检验检测工作和技术管理工作的经历应不少于5年。

【判断题】

1. 根据《检验检测机构管理和技术能力评价　建设工程检验检测要求》（RB/T 043—2020），对涉及结构安全的检验检测不合格情况应第一时间向客户和工程建设单位报告。（　　）

【答案】错　解析：对于涉及结构安全检验检测结果不合格情况的应及时报告工程所在地的行业主管部门。

2. 根据《检验检测机构管理和技术能力评价　建设工程检验检测要求》（RB/T 043—2020），检验检测环境的危险源一般包括工程现场的高处作业、有毒有害的物品及放射性物品等。　（　）

【答案】对　解析：检验检测环境的危险源一般包括工程现场的高处作业、有毒有害的物品及放射性物品等。

3. 根据《检验检测机构管理和技术能力评价　建设工程检验检测要求》（RB/T 043—2020），涉及结构安全性的检验检测记录和报告保存期应不少于6年。　（　）

【答案】错　解析：涉及结构安全性的检验检测记录和报告应保存20年，其他检验检测报告与记录保存期限不应少于6年。

【多选题】

1. 根据《检验检测机构管理和技术能力评价　建设工程检验检测要求》（RB/T 043—2020），检验检测机构应当对场所环境采取的管理措施有（　　）。

A. 建立废弃物处置管理制度

B. 识别危险源并采取安全防护措施

C. 到行业主管部门备案废弃物处置方法

D. 自行或委托有资质的机构处理有害废弃物

【答案】ABD　解析：机构应建立安全防护管理制度，并根据不同的试验检测环境识别危险源，采取对应的安全防护措施。机构应建立废弃物处置管理制度，对不能自行处理的有害废弃物，应委托具有相应资质的机构处理，并应符合环保及公安部门的相关要求。

※※《检验检测机构管理和技术能力评价　设施和环境通用要求》（RB/T 047—2020）※※

【单选题】

1. 依据《检验检测机构管理和技术能力评价　设施和环境通用要求》（RB/T 047—2020）的规定，当需要的气体种类大于（　）种，宜设立气瓶室。

A. 2　　B. 3

C. 4　　D. 5

【答案】B　解析：当需要的气体种类大于3种，或需储存3瓶以上的气体时，宜设立气瓶室，采用集中供气系统。

2. 依据《检验检测机构管理和技术能力评价　设施和环境通用要求》（RB/T 047—2020）的规定，检验检测房间允许噪声级不宜大于（　）。

A. 55dB（A）　　B. 60dB（A）

C. 65dB（A）　　D. 70dB（A）

【答案】A　解析：检验检测房间允许噪声级不宜大于55dB（A）。

3. 依据《检验检测机构管理和技术能力评价　设施和环境通用要求》（RB/T 047—2020）的规定，用于存放试剂和耗材的房间属于（　　）。

A. 检测区域　　B. 核心区域

C. 辅助区域　　D. 公共设施区域

【答案】B　解析：核心区域包括样品接收、样品储存、样品制备、检验检测、样品处理、试剂存放、耗材存放等房间或区域。

4. 根据《检验检测机构管理和技术能力评价　设施和环境通用要求》（RB/T 047—2020），需持续供电的检测项目应（　　）。

A. 错开用电高峰　　B. 设置备用电源

C. 在所用仪器上加装停电保护系统　　D. 设置手动装置

【答案】B　解析：需持续供电的检测项目、涉及不得中断供电要求的设施设备，应有备用电源。

【判断题】

1. 依据《检验检测机构管理和技术能力评价　设施和环境通用要求》（RB/T 047—2020）的设定，非工作时间内产生有毒有害气体达到不可接受程度的场所应设置值班通风装置。值班通风的换气次数不应低于1次/h。（　　）

【答案】错　解析：值班通风的换气次数不应低于2次/h。

2.《检验检测机构管理和技术能力评价　设施和环境通用要求》（RB/T 047—2020）不适用于仅从事科研、医学及保健、职业卫生技术评价服务、动植物检疫以及建设工程质量鉴定、房屋鉴定、消防设施维护保养检测等机构的设施和环境条件评价。（　　）

【答案】对　解析：规范原话。

3. 依据《检验检测机构管理和技术能力评价　设施和环境通用要求》（RB/T 047—2020）的规定，多台设备可使用共同的电源插座。（　　）

【答案】错　解析：应避免多台设备使用共同的电源插座。

4. 根据《检验检测机构管理和技术能力评价　设施和环境通用要求》（RB/T 047—2020），检验检测机构应统一设置生活、检验检测及消防等共用的给排水系统。（　　）

【答案】错　解析：检验检测场所应分别设置生活、检验检测、污水和废水处理及消防等给排水系统。

【多选题】

1. 依据《检验检测机构管理和技术能力评价　设施和环境通用要求》（RB/T 047—2020）的规定，以下说法正确的有（　　　）。

A. 可燃与助燃气体应分开放置，相互间可能反应的气体应分开设置，同类不同浓度的气体应尽量放置在一起

B. 当检验检测工作对环境温度和湿度无特殊要求时，工作环境的温度宜维持在 16 ~ 26℃

C. 当检验检测工作对环境温度和湿度无特殊要求时，工作环境的相对湿度宜维持在 30% ~ 65%

D. 凡含有放射性核素的废水，应根据核素的半衰期长短，分为长寿命和短寿命两种放射性核素废水，并分别进行处理

【答案】ABCD　解析：选项全部正确。

2. 根据《检验检测机构管理和技术能力评价　设施和环境通用要求》（RB/T 047—2020），检验检测活动场所应配置暖通空调系统以确保内部场所（　　）符合检验检测要求。

A. 环境气压　　B. 环境温度

C. 环境湿度　　D. 空气质量

【答案】BCD　解析：暖通空调系统应满足检验检测活动对内部场所环境温度、湿度和空气质量的要求。

3. 根据《检验检测机构管理和技术能力评价　设施和环境通用要求》（RB/T 047—2020），当检测项目对静电敏感时，应安装（　　）等设施。

A. 防静电工作台面　　B. 防静电地板

C. 隔离或滤波　　D. 接地

【答案】ABD　解析：若检测项目或所用的仪器及设备对静电敏感时，应安装适当的防静电工作台面、防静电地板、接地设施以及其他防静电用品。

※※《检测和校准结果及与规范符合性的报告指南》（RB/T 197—2015）※※

【单选题】

1. 根据《检测和校准结果及与规范符合性的报告指南》（RB/T 197—2015），用通/止规检测产品的孔径时，通规和止规均通过，说明（　）。

A. 孔径合格　　B. 孔径偏大

C. 孔径偏小　　D. 不确定

【答案】B　解析：按孔径允许偏差的上限做止规，下限做通规。检验时若通规能通过，止规不能通过，则可判定孔径合格；若止规通过说明孔径偏大不合格；若通规不能通过说明孔径偏小不合格。

2. 根据《检测和校准结果及与规范符合性的报告指南》（RB/T 197—2015），当某个或多个影响因素造成的不确定度无法评价时，应（　）。

A. 终止检验检测

B. 采用扩展不确定度上限

C. 在报告中做出说明

D. 采用合成不确定度

【答案】C　解析：在特殊情况下，当某个或多个特定因素影响测量结果时，其影响量不能测量或合理评估时，需在报告中说明。

3. 根据《检测和校准结果及与规范符合性的报告指南》（RB/T 197—2015），如某次校准中，不考虑不确定度的测量结果未超规范限值，而考虑包含概率为95%的扩展不确定度后，测量结果超出规范限值，则规范符合性判定结果为（　　）。

A. 符合　　B. 合格

C. 不合格　　D. 不确定

【答案】C　解析：不考虑不确定度的测量结果未超规范限值，考虑包含概率为95%的扩展不确定度后也未超过规范限值时，符合性判定为符合或合格；考虑包含概率为95%的扩展不确定度后超过规范限值时，符合性判定为不符合或不合格。

4. 根据《检测和校准结果及与规范符合性的报告指南》（RB/T 197—2015），当测量不确定度影响到测量结果有效性或其使用时，需计算（　　）的扩展不确定度。

A. 包含概率约为90%　　B. 包含概率约为95%

C. 包含因子 $k=2$　　D. 包含因子 $k>2$

【答案】B　解析：当测量不确定度影响到测量结果的有效性或其使用时，或客户提出要求时，或当不确定度影响到与规范限值的符合性判定时，需计算包含概率约为95%的扩展不确定度。

5. 根据《检测和校准结果及与规范符合性的报告指南》（RB/T 197—2015），对于校准，通常情况下，进行规范符合性判定时（　　）。

A. 不需考虑测量不确定度

B. 当影响到合格判定时才需考虑不确定度

C. 均需考虑不确定度

D. 当客户有要求时需考虑不确定度

【答案】C　解析：对于校准，通常情况下，进行规范符合性判定时均需考虑测量不确定度。

【判断题】

1. 根据《检测和校准结果及与规范符合性的报告指南》（RB/T 197—2015），鼓励使用包含概率低于95%的不确定度。（　　）

【答案】错　解析：鼓励使用高于95%的包含概率，避免使用低于95%的包含概率。

【多选题】

1. 根据《检测和校准结果及与规范符合性的报告指南》（RB/T 197—2015），某长度测量值合格范围是 $2mm \leq X \leq 4mm$，测量不确定度U为0.3mm，则以下可以判定为符合要求的测量值有（　　）。

A. 1.6mm　　B. 2.4mm

C. 3.6mm　　D. 3.8mm

【答案】BC　解析：考虑测量不确定度后的合格范围是 $2+0.3 \leq X \leq 4-0.3$，即2.3～3.7mm。下限加，上限减。

※※《检验检测实验室技术要求验收规范》(GB/T 37140—2018) ※※

【单选题】

1. 按照《检验检测实验室技术要求验收规范》(GB/T 37140—2018) 的规定，下列不属于实验室核心区域的是（　　）。

A. 样品接收区　　B. 样品制备区

C. 客户接待区　　D. 危化品区

【答案】C　解析：核心区域包括样品接收区、样品储存区、样品制备区、试验检测区、样品处理区、危化品区等。

2. 依据《检验检测实验室技术要求验收规范》(GB/T 37140—2018) 的规定，不设置空调系统的实验室室内净高不低于（　　）。

A. 2.5m　　B. 2.6m

C. 2.8m　　D. 3.0m

【答案】C　解析：不设置空调系统的实验室室内净高不低于 2.8m；当设置空调系统时，室内净高不低于 2.6m，局部小范围可不低于 2.4m。

3. 根据《检验检测实验室技术要求验收规范》(GB/T 37140—2018)，实验室的走道净高不应低于（　　）。

A. 2.0m　　B. 2.2m

C. 2.4m　　D. 2.6m

【答案】B　解析：单面布房的走道宽度不宜小于 1.5m，双面布房的走道宽度不宜小于 1.8m，走道净高不应低于 2.2m。

4. 根据《检验检测实验室技术要求验收规范》(GB/T 37140—2018)，实验室排水系统应有防回流设计，存水弯或水封高度不得小于（　　）。

A. 20mm　　B. 30mm

C. 50mm　　D. 60mm

【答案】C　解析：实验室排水系统应有防回流设计，存水弯或水封高度不得小于 50mm。

【判断题】

1. 根据《检验检测实验室技术要求验收规范》(GB/T 37140—2018)，在进行实验室平面功能区域划分时，有毒性物质产生的实验室宜组合在一起。（　　）

【答案】对　解析：宜组合在一起的实验室有同类型、有隔振要求、有防辐射要求、有毒性物质产生、有相同层高要求的特殊设备。

【多选题】

1. 根据《检验检测实验室技术要求验收规范》(GB/T 37140—2018)，实验室功能区域划分中，对于在垂直布局中应遵循的原则，描述正确的有（　　　　）。

A. 大型设备宜布置在建筑物的底层

B. 重型测试样品对应的测试区域宜布置在建筑物的底层

C. 产生粉尘物质的实验室宜布置在建筑物的底层

D. 产生有毒有害气体的实验室宜布置在建筑物的底层

【答案】AB　解析：CD 答案正确说法是产生粉尘物质、产生有毒有害气体的实验室宜布置在建筑物的顶层。

2. 根据《检验检测实验室技术要求验收规范》（GB/T 37140—2018），新建检验检测实验室的设计应满足主体建筑的（　　　　）等方面的要求。

A. 安全评价　　B. 环境评价

C. 职业卫生评价　　D. 节能评价

【答案】ABCD　解析：新建检验检测实验室的设计应满足主体建筑的安全评价、环境评价、职业卫生评价及节能评价等方面的要求。

※※《检测和校准实验室能力的通用要求》（GB/T 27025—2019）※※

【单选题】

1. 依据《检测和校准实验室能力的通用要求》（GB/T 27025—2019）的规定，关于试验方法的选择和验证，不正确的是（　　）。

A. 对应标准包含了实施实验室活动充分且简明的信息，并便于实验室操作人员使用时，不需再进行补充或改为内部程序

B. 对所有实验室活动方法的偏离，应获得授权并被客户接受

C. 对标准方法中的可选择步骤，宜制定补充文件或细则

D. 实验室不应采用设备制造商规定的方法

【答案】D　解析：当没有标准方法时，可以使用自编方法、测量设备制造商推荐的方法等非标方法。

2. 依据《检测和校准实验室能力的通用要求》（GB/T 27025—2019）的规定，当客户未指定检测所用的方法时，实验室应（　　）。

A. 要求客户明确使用方法　　B. 直接选用适当的方法

C. 拒绝客户的委托　　D. 选择适当的方法并通知客户

【答案】D　解析：当客户未指定所用的方法时，实验室应选择适当的方法并通知客户。

3. 根据《检测和校准实验室能力的通用要求》（GB/T 27025—2019），实验室活动不包括（　　）。

A. 检测　　B. 校准

C. 产品认证　　D. 抽样

【答案】C　解析：实验室活动包括检测、校准、抽样三种活动。

【判断题】

1. 根据《检测和校准实验室能力的通用要求》（GB/T 27025—2019），实验室对服务过程中获取和产生的所有信息均应予以保密。（　　）

【答案】对　解析：实验室应对在实施实验室活动过程中获得或产生的所有信息保密。

【多选题】

1. 依据《检测和校准实验室能力的通用要求》（GB/T 27025—2019）的规定，实验室开展实验活动所需的可能影响结果的设备包括（　　）。

A. 测量仪器　　B. 标准物质

C. 软件　　D. 参考数据

【答案】ABC　解析：实验室应获得正确开展实验室活动所需的并影响结果的设备，包括但不限于：测量仪器、软件、测量标准、标准物质、参考数据、试剂、消耗品或辅助装置。

2. 根据《检测和校准实验室能力的通用要求》（GB/T 27025—2019），应由授权人员完成的工作有（　　）。

A. 方法的修改、验证和确认　　B. 结果的符合性声明

C. 对结果的意见和解释　　D. 结果的审查和批准

【答案】ABCD　解析：实验室应授权人员从事特定的实验室活动，包括但不限于下列活动：开发修改、验证和确认方法；分析结果，包括符合性声明或意见和解释；报告、审查和批准结果。

3. 根据《检测和校准实验室能力的通用要求》（GB/T 27025—2019），检测和校准工作开始后修改合同应（　　）。

A. 报资质认定部门备案　　B. 立即纠正对合同的偏离

C. 重新进行合同评审　　D. 通知所有受到影响的人员

【答案】CD　解析：如果在工作开始后修改合同，应重新进行合同评审，并将修改内容通知所有受到影响的人员。

※※《公路水运工程安全生产条件通用要求》（JT/T 1404—2022）※※

【多选题】

1. 根据《公路水运工程安全生产条件通用要求》（JT/T 1404—2022），事故隐患排查治理时，重大事故隐患治理应明确（　　）等相关要求。

A. 责任　　B. 措施

C. 标准　　D. 时限

【答案】ABD　解析：重大事故隐患治理应明确责任、措施、资金、时限、预案等相关要求。

附录　联想对比记忆

【年】对比记忆	
6年	涉及结构安全性的检验检测记录和报告应保存20年，其他检验检测报告与记录保存期限不应少于6年
	资质认定证书有效期为6年
5年	标准的复审周期一般不超过5年
	屋面防水工程、有防水要求的卫生间、房间和外墙面的防渗漏的保修期限为5年
	检测资质证书有效期为5年，准予延续的的，予以换发新的检测资质证书，有效期仍为5年
	检测用房的产权或长期使用权不小于5年
	检测机构的技术负责人和授权负责人都应具有5年以上工作经历
	信用等级被评为信用差的，5年内不能担任工地实验室授权负责人
	检测人员证书有效期为5年
	认证人员自被撤销执业资格之日起5年内，认可机构不再受理其注册申请
3年	在人员调离或设备停止使用后，人员或设备技术记录应再保存3年
	机构的专业技术人员中，从事本岗位检验检测工作3年以上的专业技术人员应不少于总人数的30%
	机构的质量负责人和监督人员都应具有3年以上工作经历
	被撤销资质认定证书的检验检测机构，3年内不得再次申请资质认定
	对企业的安全生产条件每3年进行一次安全评价
	A类为信任，一般3年检查一次；B类为鼓励，一般每2年检查一次；C类为鞭策，一般每1年检查一次；D类为整顿，每年检查不少于2次
2年	强制性国家标准从项目计划下达到报送报批稿的期限一般不得超过2年
	机构的审核人员应具有不少于2年的工作经历
	记录的保存期限不得少于2年
	连续2年被评为信用较差的人员，信用等级直接按差发布，并列入黑名单
	工地实验室授权负责人信用等级被评为信用较差的，2年内不能担任工地实验室授权负责人
	工地实验室信用评价结果≤70分的，其授权负责人2年内不能担任工地实验室授权负责人

续表

【年】对比记忆	
2 年	试验检测继续教育周期为 2 年（从取得证书的次年起计算），每个周期内接受继续教育的时间累计应不少于 24 学时
	代替他人参加考试的，2 年内不得参加各类专业技术人员资格考试
1 年	强制性国家标准不能按计划时限报送的，组织起草部门应当提前 30 日向国务院标准化行政主管部门说明情况，并申请延长期限，延长的期限不得超过 1 年
	申请人获得乙级、丙级后须满 1 年且具有相应的质量检测业绩和信用方可申请本专业上一等级的检测资质
	因客观原因无法按时完成延续审批的，许可机关可对检测资质证书有效期批准延期最长不超过 1 年
	信用评价周期为 1 年，评价的时间段为 1 月 1 日至 12 月 31 日
	申请人在资质申请、延续申请过程中，隐瞒有关情况或者提供虚假材料的，交通运输主管部门应不予受理或不予许可，并给予警告，1 年之内不受理该机构的检测资质申请

【月】对比记忆	
12 个月	管理评审通常 12 个月一次，由最高管理者负责和主持
	管理体系的内部审核通常每年一次
3 个月	需要延续资质认定证书有效期的，应当在其有效期届满 3 个月前提出申请
2 个月	从收到报批稿到授权批准发布的期限一般不得超过 2 个月

【%】对比记忆
1）可选参数申请数量应不低于本等级可选参数总数量的 60%，否则不得申请；非强制参数申请介于总量的 60% ~80% 时，评审时采取扣分制，每缺 1 项扣 0.5 分，只有申请参数不小于总量的 80% 时评审不扣分
2）申请换证复核的检测机构信用及业绩需满足：所开展的试验检测参数应覆盖批准的所有试验检测项目且不少于批准参数的 85%
3）共性关键技术和应用类科技计划项目形成标准研究成果的比率达到 50% 以上，标准转化率达到 85% 以上
4）水运工程质量检验标准要求一般检验项目的质量经检验应全部合格，其中允许偏差的合格率应达到 80% 及以上
5）一般通用实验室侧面采光的采光系数标准值为 3%
6）通风柜操作口处的最大及最小平均风速值的偏差应小于 15%
7）进行现场评审时，在覆盖所有检测项目的基础上，抽查不少于 15% 的必选参数和 5% 的可选参数的试验检测记录和报告
8）关键项目合格率应不低于 95%（机电工程为 100%），一般项目的合格率应不低于 80%

【日/天】对比记忆	
30 日	资质认定部门应当自受理申请之日起 30 个工作日内，完成对申请人的技术评审
	国务院标准化行政主管部门对强制性国家标准项目公开征求意见时，期限不得少于 30 日，紧急情况下可以缩短但不得少于 7 日
	组织起草部门对强制性国家标准征求意见稿、编制说明以及拟定的过渡期向社会公开征求意见时，期限不少于 60 日，紧急情况下可缩短但不得少于 30 日
	复审结论为废止的公开征求意见一般不得少于 30 日
	评审组在技术评审中发现有不符合要求的，应当书面通知申请人限期整改，整改期限不得超过 30 个工作日
20 日	专家评审组在技术评审中发现的检测机构一般技术和管理问题，应当书面告知申请人，并要求在 20 个工作日内完成整改
15 日	检测机构停业时，应当自停业之日起 15 日内向原发证质监机构办理等级证书注销手续
	被抽查企业对检验结果有异议的，可以自收到检验结果之日起 15 日内向交通运输部提出书面复检申请
	交通运输主管部门或者其委托的建设工程质量监督机构应当在 15 个工作日内为其办理工程质量监督手续，出具公路水运工程质量监督管理受理通知书
	一般资质认定程序的，15 个工作日内作出许可决定、7 个工作日内颁发资质认定证书
	采用书面评审的，许可机关应书面通知申请人，申请人应在 15 个工作日内提交材料
10 日	检测机构的名称、法定代表人、行政负责人、技术和质量负责人等一般事项发生变更的，应当在变更事项作出决定后 10 日内向原许可机关申请变更。检测机构发生检测场所变更、合并、分立、重组、改制等变更需要继承原资质证书的，应当在完成变更后 10 日内向原许可机关申请重大事项变更
	从业单位基本信息处于锁定状态发生变化的，应于 10 个工作日内向负责公布相应信息的交通运输主管部门提出申请后予以更新。从业单位认为公布的信用信息与事实不符的，应及时提出变更申请，负责公布信用信息的交通运输主管部门应在 10 个工作日内作出处理，并告知申请人
	资质认定部门应当自收到技术评审结论之日起 10 个工作日内，做出是否准予许可的书面决定。准予许可的，自做出决定之日起 7 个工作日内，向申请人颁发资质认定证书
7 日	许可机关的审批结果应在其官方网站上公示不少于 7 日
5 日	许可机关应当自收到申请材料之日起 5 个工作日内作出受理或不受理的决定，或者一次性告知申请人需要补正的全部内容。采用技术评审的，许可机关应当自受理申请之日起 5 个工作日内启动对申请人的技术评审工作
	专家评审组应当在 5 个工作日向许可机关报送《技术评审报告》
	许可机关应在实施现场评审 5 个工作日前向检测机构发出书面通知。现场评审时间一般为 2 天
2 日	实行不合格品报告制度，对不合格报告，工地实验室授权负责人应在 2 个工作日之内报送试验检测委托方，抄送项目质量监督机构